PREFACIO

La colección de guías de conversación para viajar "Todo irá bien" publicada por T&P Books está diseñada para personas que viajan al extranjero para turismo y negocios. Las guías contienen lo más importante - los elementos esenciales para una comunicación básica.Éste es un conjunto de frases imprescindibles para "sobrevivir" mientras está en el extranjero.

Esta guía de conversación le ayudará en la mayoría de los casos donde usted necesite pedir algo, conseguir direcciones, saber cuánto cuesta algo, etc. Puede también resolver situaciones difíciles de la comunicación donde los gestos no pueden ayudar.

Este libro contiene muchas frases que han sido agrupadas según los temas más relevantes.También encontrará un mini diccionario con palabras útiles - números, hora, calendario, colores…

Llévese la guía de conversación "Todo irá bien" en el camino y tendrá una insustituible compañera de viaje que le ayudará a salir de cualquier situación y le enseñará a no temer hablar con extranjeros.

TABLA DE CONTENIDOS

T&P Books Publishing

Colección de guías de conversación
"¡Todo irá bien!"

T&P Books Publishing

GUÍA DE CONVERSACIÓN
— UCRANIANO —

LAS PALABRAS Y LAS FRASES MÁS ÚTILES

Esta Guía de Conversación
contiene las frases y las
preguntas más comunes
necesitadas para una
comunicación básica
con extranjeros

Andrey Taranov

T&P BOOKS

Guía de conversación + diccionario de 250 palabras

Guía de conversación Español-Ucraniano y mini diccionario de 250 palabras

por Andrey Taranov

La colección de guías de conversación para viajar "Todo irá bien" publicada por T&P Books está diseñada para personas que viajan al extranjero para turismo y negocios. Las guías contienen lo más importante - los elementos esenciales para una comunicación básica. Éste es un conjunto de frases imprescindibles para "sobrevivir" mientras está en el extranjero.

También encontrará un mini diccionario con 250 palabras útiles necesarias para la comunicación diaria - los nombres de los meses y de los días de la semana, medidas, miembros de la familia, y más.

T&P Books Publishing
www.tpbooks.com

ISBN: 978-1-78616-893-1

Este libro está disponible en formato electrónico o de E-Book también.
Visite www.tpbooks.com o las librerías electrónicas más destacadas en la Red.

PRONUNCIACIÓN

La letra	Ejemplo ucraniano	T&P alfabeto fonético	Ejemplo español

Las vocales

La letra	Ejemplo ucraniano	T&P alfabeto fonético	Ejemplo español
А а	акт	[a]	radio
Е е	берет	[e], [ɛ]	princesa
Є є	модельєр	[ɛ]	mes
И и	ритм	[k]	charco
І і	компанія	[i]	ilegal
Ї ї	поїзд	[ji]	gallina
О о	око	[ɔ]	costa
У у	буря	[u]	mundo
Ю ю	костюм	[ʲu]	lluvia
Я я	маяк	[ja], [ʲa]	cambiar

Las consonantes

La letra	Ejemplo ucraniano	T&P alfabeto fonético	Ejemplo español
Б б	бездна	[b]	en barco
В в	вікно	[w]	acuerdo
Г г	готель	[ɦ]	amigo, magnífico
Ґ ґ	ґудзик	[g]	jugada
Д д	дефіс	[d]	desierto
Ж ж	жанр	[ʒ]	adyacente
З з	зброя	[z]	desde
Й й	йти	[j]	asiento
К к	крок	[k]	charco
Л л	лев	[l]	lira
М м	мати	[m]	nombre
Н н	назва	[n]	número
П п	приз	[p]	precio
Р р	радість	[r]	era, alfombra
С с	сон	[s]	salva
Т т	тир	[t]	torre
Ф ф	фарба	[f]	golf
Х х	холод	[h]	registro
Ц ц	церква	[ts]	tsunami
Ч ч	час	[tʃ]	mapache

La letra	Ejemplo ucraniano	T&P alfabeto fonético	Ejemplo español
Ш ш	шуба	[ʃ]	shopping
Щ щ	щука	[ɕ]	China
ь	камінь	[ʲ]	signo blando, no tiene sonido
ъ	ім'я	[ʼ]	signo duro, no tiene sonido

LISTA DE ABREVIATURAS

Abreviatura en español

adj	-	adjetivo
adv	-	adverbio
anim.	-	animado
conj	-	conjunción
etc.	-	etcétera
f	-	sustantivo femenino
f pl	-	femenino plural
fam.	-	uso familiar
fem.	-	femenino
form.	-	uso formal
inanim.	-	inanimado
innum.	-	innumerable
m	-	sustantivo masculino
m pl	-	masculino plural
m, f	-	masculino, femenino
masc.	-	masculino
mat	-	matemáticas
mil.	-	militar
num.	-	numerable
p.ej.	-	por ejemplo
pl	-	plural
pron	-	pronombre
sg	-	singular
v aux	-	verbo auxiliar
vi	-	verbo intransitivo
vi, vt	-	verbo intransitivo, verbo transitivo
vr	-	verbo reflexivo
vt	-	verbo transitivo

Abreviatura en ucraniano

ж	-	sustantivo femenino
мн	-	plural
с	-	neutro
ч	-	sustantivo masculino

GUÍA DE CONVERSACIÓN UCRANIANO

Esta sección contiene frases
importantes que pueden
resultar útiles en varias
situaciones de la vida real.
La Guía le ayudará a pedir
direcciones, aclaración
sobre precio, comprar billetes,
y pedir alimentos en un
restaurante

T&P Books Publishing

CONTENIDO DE LA GUÍA DE CONVERSACIÓN

T&P Books Publishing

Lo más imprescindible

Perdone, …	**Вибачте, …** ['wɪbatʃtɛ, …]
Hola.	**Добрий день.** ['dɔbrij dɛnʲ.]
Gracias.	**Дякую.** ['dʲakuʲu.]

Sí.	**Так.** [tak.]
No.	**Ні.** [ni.]
No lo sé.	**Я не знаю.** [ja nɛ 'znaʲu.]
¿Dónde? | ¿A dónde? | ¿Cuándo?	**Де? | Куди? | Коли?** [dɛ? | ku'di? | ko'lɨ?]

Necesito …	**Мені потрібен …** [mɛ'ni po'tribɛn …]
Quiero …	**Я хочу …** [ja 'hɔʧu …]
¿Tiene …?	**У вас є …?** [u was 'ɛ …?]
¿Hay … por aquí?	**Тут є …?** [tut ɛ …?]
¿Puedo …?	**Чи можна мені …?** [ʧi 'mɔʒna mɛ'ni …?]
…, por favor? (petición educada)	**Будь ласка** [budʲ 'laska]

Busco …	**Я шукаю …** [ja ʃu'kaʲu …]
el servicio	**туалет** [tua'lɛt]
un cajero automático	**банкомат** [banko'mat]
una farmacia	**аптеку** [ap'tɛku]
el hospital	**лікарню** [li'karnʲu]

la comisaría	**поліцейську дільницю** [poli'tsɛjsʲku dilʲ'nitsʲu]
el metro	**метро** [mɛt'rɔ]

un taxi	**таксі** [tak'si]
la estación de tren	**вокзал** [wok'zal]

Me llamo …	**Мене звуть …** [mɛ'nɛ zwutʲ …]
¿Cómo se llama?	**Як вас звуть?** [jak was 'zwutʲ?]
¿Puede ayudarme, por favor?	**Допоможіть мені, будь ласка.** [dopomo'ʒitʲ mɛ'ni, budʲ 'laska.]
Tengo un problema.	**У мене проблема.** [u 'mɛnɛ prob'lɛma.]
Me encuentro mal.	**Мені погано.** [mɛ'ni po'ɦano.]
¡Llame a una ambulancia!	**Викличте швидку!** ['wiklitʃtɛ ʃwid'ku!]
¿Puedo llamar, por favor?	**Чи можна мені зателефонувати?** [tʃi 'mɔʒna mɛ'ni zatɛlɛfonu'wati?]

Lo siento.	**Прошу вибачення** ['prɔʃu 'wibatʃɛnʲa]
De nada.	**Прошу** ['prɔʃu]

Yo	**я** [ja]
tú	**ти** [ti]
él	**він** [win]
ella	**вона** [wo'na]
ellos	**вони** [wo'ni]
ellas	**вони** [wo'ni]
nosotros /nosotras/	**ми** [mi]
ustedes, vosotros	**ви** [wi]
usted	**Ви** [wi]

ENTRADA	**ВХІД** [whid]
SALIDA	**ВИХІД** ['wihid]
FUERA DE SERVICIO	**НЕ ПРАЦЮЄ** [nɛ pra'tsʲuɛ]
CERRADO	**ЗАКРИТО** [za'krito]

ABIERTO

ВІДКРИТО
[wid'krito]

PARA SEÑORAS

ДЛЯ ЖІНОК
[dlʲa ʒi'nɔk]

PARA CABALLEROS

ДЛЯ ЧОЛОВІКІВ
[dlʲa t͡ʃolowi'kiw]

Preguntas

¿Dónde?	**Де?** [dε?]
¿A dónde?	**Куди?** [ku'di?]
¿De dónde?	**Звідки?** ['zwidki?]
¿Por qué?	**Чому?** [ʧo'mu?]
¿Con que razón?	**Навіщо?** [na'wiɕo?]
¿Cuándo?	**Коли?** [ko'li?]

¿Cuánto tiempo?	**Скільки часу?** ['skilʲki 'ʧasu?]
¿A qué hora?	**О котрій?** [o kot'rij?]
¿Cuánto?	**Скільки коштує?** ['skilʲki 'koʃtuε?]
¿Tiene …?	**У вас є …?** [u was 'ε …?]
¿Dónde está …?	**Де знаходиться …?** [dε zna'hoditʲsʲa …?]

¿Qué hora es?	**Котра година?** [ko'tra ɦo'dina?]
¿Puedo llamar, por favor?	**Чи можна мені зателефонувати?** [ʧi 'moʒna mε'ni zatεlεfonu'wati?]
¿Quién es?	**Хто там?** [hto tam?]
¿Se puede fumar aquí?	**Чи можна мені тут палити?** [ʧi 'moʒna mε'ni tut pa'liti?]
¿Puedo …?	**Чи можна мені …?** [ʧi 'moʒna mε'ni …?]

Necesidades

Quisiera …	**Я б хотів /хотіла/ …** [ja b ho'tiw /ho'tila/ …]
No quiero …	**Я не хочу …** [ja nɛ 'hɔʧu …]
Tengo sed.	**Я хочу пити.** [ja 'hɔʧu 'piti.]
Tengo sueño.	**Я хочу спати.** [ja 'hɔʧu 'spati.]

Quiero …	**Я хочу …** [ja 'hɔʧu …]
lavarme	**вмитися** ['wmitisʲa]
cepillarme los dientes	**почистити зуби** [po'ʧistiti 'zubi]
descansar un momento	**трохи відпочити** ['trɔhi widpo'ʧiti]
cambiarme de ropa	**переодягнутися** [pɛrɛodʲaɦ'nutisʲa]

volver al hotel	**повернутися в готель** [powɛr'nutisʲa w ɦo'tɛlʲ]
comprar …	**купити …** [ku'piti …]
ir a …	**з'їздити в …** ['zʲizditi w …]
visitar …	**відвідати …** [wid'widati …]
quedar con …	**зустрітися з …** [zust'ritisʲa z …]
hacer una llamada	**зателефонувати** [zatɛlɛfonu'wati]

Estoy cansado /cansada/.	**Я втомився /втомилася/.** [ja wto'miwsʲa /wto'milasʲa/.]
Estamos cansados /cansadas/.	**Ми втомилися.** [mi wto'milisʲa.]
Tengo frío.	**Мені холодно.** [mɛ'ni 'hɔlodno.]
Tengo calor.	**Мені спекотно.** [mɛ'ni spɛ'kɔtno.]
Estoy bien.	**Мені нормально.** [mɛ'ni nor'malʲno.]

Tengo que hacer una llamada.

Мені треба зателефонувати.
[mɛ'ni 'trɛba zatɛlɛfonu'watі.]

Necesito ir al servicio.

Мені треба в туалет.
[mɛ'ni 'trɛba w tua'lɛt.]

Me tengo que ir.

Мені вже час.
[mɛ'ni wʒɛ ʧas.]

Me tengo que ir ahora.

Мушу вже йти.
['muʃu wʒɛ jtі.]

Preguntar por direcciones

Perdone, ...

Вибачте, ...
['wibatʃtɛ, ...]

¿Dónde está ...?

Де знаходиться ...?
[dɛ zna'hɔditʲsʲa ...?]

¿Por dónde está ...?

В якому напрямку знаходиться ...?
[w ja'kɔmu 'naprʲamku zna'hɔditʲsʲa ...?]

¿Puede ayudarme, por favor?

Допоможіть мені, будь ласка.
[dopomo'ʒitʲ mɛ'ni, budʲ 'laska.]

Busco ...

Я шукаю ...
[ja ʃu'kaʲu ...]

Busco la salida.

Я шукаю вихід.
[ja ʃu'kaʲu 'wihid.]

Voy a ...

Я їду в ...
[ja 'idu w ...]

¿Voy bien por aquí para ...?

Чи правильно я йду ...?
[tʃi 'prawilʲno ja jdu ...?]

¿Está lejos?

Це далеко?
[tsɛ da'lɛko?]

¿Puedo llegar a pie?

Чи дійду я туди пішки?
[tʃi dij'du ja tu'dɨ 'piʃki?]

¿Puede mostrarme en el mapa?

Покажіть мені на карті, будь ласка.
[poka'ʒitʲ mɛ'ni na 'karti, budʲ 'laska.]

Por favor muestreme dónde estamos.

Покажіть, де ми зараз.
[poka'ʒitʲ, dɛ mɨ 'zaraz.]

Aquí

Тут
[tut]

Allí

Там
[tam]

Por aquí

Сюди
[sʲu'dɨ]

Gire a la derecha.

Поверніть направо.
[powɛr'nitʲ na'prawo.]

Gire a la izquierda.

Поверніть наліво.
[powɛr'nitʲ na'liwo.]

la primera (segunda, tercera) calle

перший (другий, третій) поворот
['pɛrʃij ('druɦij, 'trɛtij) powo'rɔt]

a la derecha

направо
[na'prawo]

a la izquierda   **наліво**
[na'liwo]

Siga recto.   **Ідіть прямо.**
[i'ditʲ 'prʲamo.]

Carteles

¡BIENVENIDO!	**ЛАСКАВО ПРОСИМО** [las'kawo 'prɔsimo]
ENTRADA	**ВХІД** [whid]
SALIDA	**ВИХІД** ['wihid]

EMPUJAR	**ВІД СЕБЕ** [wid 'sɛbɛ]
TIRAR	**ДО СЕБЕ** [do 'sɛbɛ]
ABIERTO	**ВІДКРИТО** [wid'krito]
CERRADO	**ЗАКРИТО** [za'krito]

PARA SEÑORAS	**ДЛЯ ЖІНОК** [dlʲa ʒi'nɔk]
PARA CABALLEROS	**ДЛЯ ЧОЛОВІКІВ** [dlʲa ʧolowi'kiw]
CABALLEROS	**ЧОЛОВІЧИЙ ТУАЛЕТ** [ʧolo'wiʧij tua'lɛt]
SEÑORAS	**ЖІНОЧИЙ ТУАЛЕТ** [ʒi'nɔʧij tua'lɛt]

REBAJAS	**ЗНИЖКИ** ['zniʒki]
VENTA	**РОЗПРОДАЖ** [roz'prɔdaʒ]
GRATIS	**БЕЗКОШТОВНО** [bɛzkoʃ'tɔwno]
¡NUEVO!	**НОВИНКА!** [no'winka!]
ATENCIÓN	**УВАГА!** [u'waɦa!]

COMPLETO	**МІСЦЬ НЕМАЄ** [misʦ nɛ'maɛ]
RESERVADO	**ЗАРЕЗЕРВОВАНО** [zarɛzɛr'wɔwano]
ADMINISTRACIÓN	**АДМІНІСТРАЦІЯ** [admini'straʦiʲa]
SÓLO PERSONAL AUTORIZADO	**ТІЛЬКИ ДЛЯ ПЕРСОНАЛУ** ['tilʲki dlʲa pɛrso'nalu]

CUIDADO CON EL PERRO	**ЗЛИЙ СОБАКА** [zlij so'baka]
NO FUMAR	**НЕ ПАЛИТИ!** [nɛ pa'liti!]
NO TOCAR	**РУКАМИ НЕ ТОРКАТИСЯ!** [ru'kami nɛ tor'katisʲa!]

PELIGROSO	**НЕБЕЗПЕЧНО** [nɛbɛz'pɛʧno]
PELIGRO	**НЕБЕЗПЕКА** [nɛbɛz'pɛka]
ALTA TENSIÓN	**ВИСОКА НАПРУГА** [wi'sɔka na'pruɦa]
PROHIBIDO BAÑARSE	**КУПАТИСЯ ЗАБОРОНЕНО** [ku'patisʲa zabo'rɔnɛno]

FUERA DE SERVICIO	**НЕ ПРАЦЮЄ** [nɛ pra'ʦʲuɛ]
INFLAMABLE	**ВОГНЕНЕБЕЗПЕЧНО** ['woɦnɛ nɛbɛz'pɛʧno]
PROHIBIDO	**ЗАБОРОНЕНО** [zabo'rɔnɛno]
PROHIBIDO EL PASO	**ПРОХІД ЗАБОРОНЕНИЙ** [pro'hid zabo'rɔnɛnij]
RECIÉN PINTADO	**ПОФАРБОВАНО** [pofar'bɔwano]

CERRADO POR RENOVACIÓN	**ЗАКРИТО НА РЕМОНТ** [za'krito na rɛ'mɔnt]
EN OBRAS	**РЕМОНТНІ РОБОТИ** [rɛ'mɔntni ro'bɔti]
DESVÍO	**ОБ'ЇЗД** [ob"izd]

Transporte. Frases generales

el avión	літак [li'tak]
el tren	поїзд ['pɔizd]
el bus	автобус [aw'tɔbus]
el ferry	пором [po'rɔm]
el taxi	таксі [tak'si]
el coche	автомобіль [awtomo'bilʲ]
el horario	розклад ['rɔzklad]
¿Dónde puedo ver el horario?	Де можна подивитися розклад? [dɛ 'mɔʒna podiˈwitisʲa 'rɔzklad?]
días laborables	робочі дні [ro'bɔʧi dni]
fines de semana	вихідні дні [wihid'ni dni]
días festivos	святкові дні [swʲat'kɔwi dni]
SALIDA	ВІДПРАВЛЕННЯ [wid'prawlɛnʲa]
LLEGADA	ПРИБУТТЯ [pribut'tʲa]
RETRASADO	ЗАТРИМУЄТЬСЯ [za'trimuɛtʲsʲa]
CANCELADO	ВІДМІНЕНИЙ [wid'minɛnij]
siguiente (tren, etc.)	наступний [na'stupnij]
primero	перший ['pɛrʃij]
último	останній [os'tanij]
¿Cuándo pasa el siguiente ...?	Коли буде наступний ...? [ko'lɨ 'budɛ na'stupnij ...?]
¿Cuándo pasa el primer ...?	Коли відправляється перший ...? [ko'lɨ widpraw'lʲaɛtʲsʲa 'pɛrʃij ...?]

¿Cuándo pasa el último …?

Коли відправляється останній …?
[ko'li widpraw'lʲaɛtʲsʲa os'tanij …?]

el trasbordo (cambio de trenes, etc.)

пересадка
[pɛrɛ'sadka]

hacer un trasbordo

зробити пересадку
[zro'biti pɛrɛ'sadku]

¿Tengo que hacer un trasbordo?

Чи потрібно мені робити пересадку?
[ʧi pot'ribno mɛ'ni ro'biti pɛrɛ'sadku?]

Comprar billetes

¿Dónde puedo comprar un billete?
Де я можу купити квитки?
[dɛ ja 'mɔʒu ku'pɨtɨ kwɨt'kɨ?]

el billete
квиток
[kwɨ'tɔk]

comprar un billete
купити квиток
[ku'pɨtɨ kwɨ'tɔk]

precio del billete
вартість квитка
['wartistʲ kwɨt'ka]

¿Para dónde?
Куди?
[ku'dɨ?]

¿A qué estación?
До якої станції?
[do ja'kɔi 'stantsii?]

Necesito ...
Мені потрібно ...
[mɛ'ni po'tribno ...]

un billete
один квиток
[o'dɨn kwɨ'tɔk]

dos billetes
два квитки
[dwa kwɨt'kɨ]

tres billetes
три квитки
[trɨ kwɨt'kɨ]

---

sólo ida
в один кінець
[w o'dɨn ki'nɛts]

ida y vuelta
туди і назад
[tu'dɨ i na'zad]

en primera (primera clase)
перший клас
['pɛrʃɨj klas]

en segunda (segunda clase)
другий клас
['druɦij klas]

---

hoy
сьогодні
[sʲo'ɦɔdni]

mañana
завтра
['zawtra]

pasado mañana
післязавтра
[pislʲa'zawtra]

por la mañana
вранці
['wrantsi]

por la tarde
вдень
['wdɛnʲ]

por la noche
ввечері
['wvɛtʃɛri]

asiento de pasillo	**місце біля проходу** ['mistsɛ 'bilʲa pro'hɔdu]
asiento de ventanilla	**місце біля вікна** ['mistsɛ 'bilʲa wik'na]
¿Cuánto cuesta?	**Скільки?** ['skilʲki?]
¿Puedo pagar con tarjeta?	**Чи можу я заплатити карткою?** [ʧi 'mɔʒu ja zapla'titi 'kartkoʲu?]

Autobús

el autobús
автобус
[aw'tɔbus]

el autobús interurbano
міжміський автобус
[miʒmisʲ'kij aw'tɔbus]

la parada de autobús
автобусна зупинка
[aw'tɔbusna zu'pinka]

¿Dónde está la parada
de autobuses más cercana?
Де найближча автобусна зупинка?
[dɛ najb'liʒtʃa aw'tɔbusna zu'pinka?]

número
номер
['nɔmɛr]

¿Qué autobús tengo que tomar para ...?
Який автобус їде до ...?
[ja'kij aw'tɔbus 'idɛ do ...?]

¿Este autobús va a ...?
Цей автобус їде до ...?
[tsɛj aw'tɔbus 'idɛ do ...?]

¿Cada cuanto pasa el autobús?
Як часто ходять автобуси?
[jak 'tʃasto 'hɔdʲatʲ aw'tɔbusi?]

cada 15 minutos
кожні 15 хвилин
['kɔʒni pʲjat'nadtsʲatʲ hwi'lin]

cada media hora
щопівгодини
[ɕopiwɦo'dini]

cada hora
щогодини
[ɕoɦo'dini]

varias veces al día
кілька разів на день
['kilʲka ra'ziw na dɛnʲ]

... veces al día
... разів на день
[... ra'ziw na 'dɛnʲ]

el horario
розклад
['rɔzklad]

¿Dónde puedo ver el horario?
Де можна подивитися розклад?
[dɛ 'mɔʒna podi'witisʲa 'rɔzklad?]

¿Cuándo pasa el siguiente autobús?
Коли буде наступний автобус?
[ko'li 'budɛ na'stupnij aw'tɔbus?]

¿Cuándo pasa el primer autobús?
Коли відправляється перший автобус?
[ko'li widpraw'lʲaɛtsʲa 'pɛrʃij aw'tɔbus?]

¿Cuándo pasa el último autobús?
Коли їде останній автобус?
[ko'li 'idɛ os'tanij aw'tɔbus?]

la parada
зупинка
[zu'pinka]

la siguiente parada

наступна зупинка
[na'stupna zu'pinka]

la última parada

кінцева зупинка
[kin'tsɛwa zu'pinka]

Pare aquí, por favor.

Зупиніть тут, будь ласка.
[zupi'nitⁱ tut, budⁱ 'laska.]

Perdone, esta es mi parada.

Дозвольте, це моя зупинка.
[doz'wolⁱtɛ, tsɛ mo'ⁱa zu'pinka.]

Tren

el tren	**поїзд** ['poizd]
el tren de cercanías	**приміський поїзд** [primisʲ'kij 'poizd]
el tren de larga distancia	**поїзд далекого прямування** ['poizd da'lɛkoɦo prʲamu'wanʲa]
la estación de tren	**вокзал** [wok'zal]
Perdone, ¿dónde está la salida al anden?	**Вибачте, де вихід до поїздів?** ['wibatʃtɛ, dɛ 'wiɦid do poiz'diw?]

¿Este tren va a ...?	**Цей поїзд їде до ...?** [tsɛj 'poizd 'idɛ do ...?]
el siguiente tren	**наступний поїзд** [na'stupnij 'poizd]
¿Cuándo pasa el siguiente tren?	**Коли буде наступний поїзд?** [ko'li 'budɛ na'stupnij 'poizd?]
¿Dónde puedo ver el horario?	**Де можна подивитися розклад?** [dɛ 'moʒna podi'witisʲa 'rozklad?]
¿De qué andén?	**З якої платформи?** [z ja'koi plat'formi?]
¿Cuándo llega el tren a ...?	**Коли поїзд прибуває в ...?** [ko'li 'poizd pribu'waɛ w ...?]

Ayudeme, por favor.	**Допоможіть мені, будь ласка.** [dopomo'ʒitʲ mɛ'ni, budʲ 'laska.]
Busco mi asiento.	**Я шукаю своє місце.** [ja ʃu'kaʲu swo'ɛ 'mistsɛ.]
Buscamos nuestros asientos.	**Ми шукаємо наші місця.** [mi ʃu'kaɛmo 'naʃi mis'tsʲa.]
Mi asiento está ocupado.	**Моє місце зайняте.** [mo'ɛ 'mistsɛ 'zajnʲatɛ.]
Nuestros asientos están ocupados.	**Наші місця зайняті.** ['naʃi mis'tsʲa 'zajnʲati.]

Perdone, pero ese es mi asiento.	**Вибачте, будь ласка, але це моє місце.** ['wibatʃtɛ, budʲ 'laska, a'lɛ tsɛ mo'ɛ 'mistsɛ.]
¿Está libre?	**Це місце вільне?** [tsɛ 'mistsɛ 'wilʲnɛ?]
¿Puedo sentarme aquí?	**Можна мені тут сісти?** ['moʒna mɛ'ni tut 'sistʲi?]

En el tren. Diálogo (Sin billete)

Su billete, por favor.

Ваш квиток, будь ласка.
[waʃ kwiˈtɔk, budʲ ˈlaska.]

No tengo billete.

У мене немає квитка.
[u ˈmɛnɛ nɛˈmaɛ kwitˈka.]

He perdido mi billete.

Я загубив /загубила/ свій квиток.
[ja zaɦuˈbiw /zaɦuˈbiɫa/ swij kwiˈtɔk.]

He olvidado mi billete en casa.

Я забув /забула/ квиток вдома.
[ja zaˈbuw /zaˈbula/ kwiˈtɔk ˈwdoma.]

Le puedo vender un billete.

Ви можете купити квиток у мене.
[wɨ ˈmɔʒɛtɛ kuˈpitɨ kwiˈtɔk u ˈmɛnɛ.]

También deberá pagar una multa.

Вам ще доведеться заплатити штраф.
[wam ɕɛ dowɛˈdɛtʲsʲa zaplaˈtitɨ ʃtraf.]

Vale.

Добре.
[ˈdɔbrɛ.]

¿A dónde va usted?

Куди ви їдете?
[kuˈdɨ wɨ ˈidɛtɛ?]

Voy a …

Я їду до …
[ja ˈidu do …]

¿Cuánto es? No lo entiendo.

Скільки? Я не розумію.
[ˈskilʲki? ja nɛ rozuˈmiʲu.]

Escríbalo, por favor.

Напишіть, будь ласка.
[napɨˈʃitʲ, budʲ ˈlaska.]

Vale. ¿Puedo pagar con tarjeta?

Добре. Чи можу я заплатити карткою?
[ˈdɔbrɛ. ʧi ˈmɔʒu ja zaplaˈtitɨ ˈkartkoʲu?]

Sí, puede.

Так, можете.
[tak, ˈmɔʒɛtɛ.]

Aquí está su recibo.

Ось ваша квитанція.
[osʲ ˈwaʃa kwiˈtantsiʲa.]

Disculpe por la multa.

Шкодую про штраф.
[ʃkoˈduʲu pro ˈʃtraf.]

No pasa nada. Fue culpa mía.

Це нічого. Це моя вина.
[ʦɛ niˈʧoɦo ʦɛ moˈʲa wɨˈna.]

Disfrute su viaje.

Приємної вам поїздки.
[priˈɛmnoi wam poˈizdki.]

Taxi

taxi
таксі
[tak'si]

taxista
таксист
[tak'sist]

coger un taxi
зловити таксі
[zlo'witi tak'si]

parada de taxis
стоянка таксі
[sto'ⁱanka tak'si]

¿Dónde puedo coger un taxi?
Де я можу взяти таксі?
[dɛ ja 'mɔʒu 'wzⁱati tak'si?]

llamar a un taxi
викликати таксі
['wiklikati tak'si]

Necesito un taxi.
Мені потрібно таксі.
[mɛ'ni po'tribno tak'si.]

Ahora mismo.
Просто зараз.
['prɔsto 'zaraz.]

¿Cuál es su dirección?
Ваша адреса?
['waʃa ad'rɛsa?]

Mi dirección es …
Моя адреса …
[mo'ⁱa ad'rɛsa …]

¿Cuál es el destino?
Куди ви поїдете?
[ku'di wi po'idɛtɛ?]

Perdone, …
Вибачте, …
['wibatʃtɛ, …]

¿Está libre?
Ви вільні?
[wi 'wilⁱni?]

¿Cuánto cuesta ir a …?
Скільки коштує доїхати до …?
['skilⁱki 'kɔʃtuɛ do'ihati do …?]

¿Sabe usted dónde está?
Ви знаєте, де це?
[wi 'znaɛtɛ, dɛ ʦɛ?]

Al aeropuerto, por favor.
В аеропорт, будь ласка.
[w aɛro'pɔrt, budⁱ 'laska.]

Pare aquí, por favor.
Зупиніться тут, будь ласка.
[zupi'nitⁱsⁱa tut, budⁱ 'laska.]

No es aquí.
Це не тут.
[ʦɛ nɛ tut.]

La dirección no es correcta.
Це неправильна адреса.
[ʦɛ nɛ'prawilⁱna ad'rɛsa.]

Gire a la izquierda.
Зараз наліво.
['zaraz na'liwo.]

Gire a la derecha.
Зараз направо.
['zaraz na'prawo.]

¿Cuánto le debo?

¿Me da un recibo, por favor?

Quédese con el cambio.

Скільки я вам винен /винна/?
['skilʲki ja wam 'winɛn /'wina/?]
Дайте мені чек, будь ласка.
['dajtɛ mɛ'ni ʧɛk, budʲ 'laska.]
Здачі не треба.
['zdaʧi nɛ 'trɛba.]

Espéreme, por favor.

cinco minutos

diez minutos

quince minutos

veinte minutos

media hora

Зачекайте мене, будь ласка.
[zaʧɛ'kajtɛ mɛ'nɛ, budʲ 'laska.]
5 хвилин
['pʲatʲ hwi'lin]
10 хвилин
['dɛsʲatʲ hwi'lin]
15 хвилин
[pʲat'nadʦʲatʲ hwi'lin]
20 хвилин
['dwadʦʲatʲ hwi'lin]
півгодини
[piwɦo'dini]

Hotel

Hola.	**Добрий день.** ['dɔbrij dɛnʲ.]
Me llamo …	**Мене звуть …** [mɛ'nɛ zwutʲ …]
Tengo una reserva.	**Я резервував /резервувала/ номер.** [ja rɛzɛrwu'waw /rɛzɛrwu'wala/ 'nɔmɛr.]
Necesito …	**Мені потрібен …** [mɛ'ni po'tribɛn …]
una habitación individual	**одномісний номер** [odno'misnij 'nɔmɛr]
una habitación doble	**двомісний номер** [dwo'misnij 'nɔmɛr]
¿Cuánto cuesta?	**Скільки він коштує?** ['skilʲki win 'kɔʃtuɛ?]
Es un poco caro.	**Це трохи дорого.** [ʦɛ 'trɔhi 'dɔroɦo.]
¿Tiene alguna más?	**У вас є ще що-небудь?** [u was 'ɛ ɕɛ ɕo-'nɛbudʲ?]
Me quedo.	**Я візьму його.** [ja wizʲ'mu ʲo'ɦɔ.]
Pagaré en efectivo.	**Я заплачу готівкою.** [ja zapla'ʧu ɦo'tiwkoʲu.]
Tengo un problema.	**У мене є проблема.** [u 'mɛnɛ ɛ prob'lɛma.]
Mi … está fuera de servicio.	**У мене не працює …** [u 'mɛnɛ nɛ pra'ʦʲuɛ …]
televisión	**телевізор** [tɛlɛ'wizor]
aire acondicionado	**кондиціонер** [konditsio'nɛr]
grifo	**кран** [kran]
ducha	**душ** [duʃ]
lavabo	**раковина** ['rakowina]
caja fuerte	**сейф** [sɛjf]
cerradura	**замок** [za'mɔk]

enchufe	**розетка** [ro'zɛtka]
secador de pelo	**фен** [fɛn]

No tengo …	**У мене немає …** [u 'mɛnɛ nɛ'maɛ …]
agua	**води** [wo'dɨ]
luz	**світла** ['switla]
electricidad	**електрики** [ɛ'lɛktrɨkɨ]

¿Me puede dar …?	**Чи не можете мені дати …?** [ʧi nɛ 'mɔʒɛtɛ mɛ'ni 'datɨ …?]
una toalla	**рушник** [ruʃ'nɨk]
una sábana	**ковдру** ['kɔwdru]
unas chanclas	**тапочки** ['tapɔʧki]
un albornoz	**халат** [ha'lat]
un champú	**шампунь** [ʃam'punʲ]
jabón	**мило** ['mɨlo]

Quisiera cambiar de habitación.	**Я б хотів /хотіла/ поміняти номер.** [ja b ho'tiw /ho'tila/ pomi'nʲatɨ 'nɔmɛr.]
No puedo encontrar mi llave.	**Я не можу знайти свій ключ.** [ja nɛ 'mɔʒu znaj'tɨ swij 'klʲuʧ.]
Por favor abra mi habitación.	**Відкрийте мій номер, будь ласка.** [wid'krijtɛ mij 'nɔmɛr, budʲ 'laska.]
¿Quién es?	**Хто там?** [hto tam?]
¡Entre!	**Заходьте!** [za'hɔdʲtɛ!]
¡Un momento!	**Одну хвилину!** [od'nu hwɨ'lɨnu!]
Ahora no, por favor.	**Будь ласка, не зараз.** [budʲ 'laska, nɛ 'zaraz.]

Venga a mi habitación, por favor.	**Зайдіть до мене, будь ласка.** [zaj'ditʲ do 'mɛnɛ, budʲ 'laska.]
Quisiera hacer un pedido.	**Я хочу зробити замовлення їжі в номер.** [ja 'hɔʧu zro'bɨtɨ za'mɔwlɛnja 'iʒi w 'nɔmɛr.]
Mi número de habitación es …	**Мій номер кімнати …** [mij 'nɔmɛr kim'natɨ …]

Me voy …	**Я їду …** [ja 'idu …]
Nos vamos …	**Ми їдемо …** [mɨ 'idɛmo …]
Ahora mismo	**зараз** ['zaraz]
esta tarde	**сьогодні після обіду** [sʲo'ɦɔdni 'pislʲa o'bidu]
esta noche	**сьогодні ввечері** [sʲo'ɦɔdni 'wvɛʧɛri]
mañana	**завтра** ['zawtra]
mañana por la mañana	**завтра вранці** ['zawtra 'wranʦi]
mañana por la noche	**завтра ввечері** ['zawtra 'wvɛʧɛri]
pasado mañana	**післязавтра** [pislʲa'zawtra]

Quisiera pagar la cuenta.	**Я б хотів /хотіла/ розрахуватися.** [ja b ho'tiw /ho'tila/ rozrahu'watisʲa.]
Todo ha estado estupendo.	**Все було чудово.** [wsɛ bu'lɔ ʧu'dɔwo.]
¿Dónde puedo coger un taxi?	**Де я можу взяти таксі?** [dɛ ja 'mɔʒu 'wzʲati tak'si?]
¿Puede llamarme un taxi, por favor?	**Викличте мені таксі, будь ласка.** ['wiklɪʧtɛ mɛ'ni tak'si, budʲ 'laska.]

Restaurante

¿Puedo ver el menú, por favor?

Чи можу я подивитися ваше меню?
[tʃi 'mɔʒu ja podi'witisʲa 'waʃɛ mɛ'nʲu?]

Mesa para uno.

Столик для одного.
['stɔlik dlʲa od'nɔho.]

Somos dos (tres, cuatro).

Нас двоє (троє, четверо).
[nas 'dwɔɛ ('trɔɛ, 'tʃɛtwɛro).]

Para fumadores

Для курців
[dlʲa kur'tsiw]

Para no fumadores

Для некурців
[dlʲa nɛkur'tsiw]

¡Por favor! (llamar al camarero)

Будьте ласкаві!
['budʲtɛ las'kawi!]

la carta

меню
[mɛ'nʲu]

la carta de vinos

карта вин
['karta win]

La carta, por favor.

Меню, будь ласка.
[mɛ'nʲu, budʲ 'laska.]

¿Está listo para pedir?

Ви готові зробити замовлення?
[wi ɦo'tɔwi zro'biti za'mɔwlɛnʲa?]

¿Qué quieren pedir?

Що ви будете замовляти?
[ɕo wi 'budɛtɛ zamow'lʲati?]

Yo quiero ...

Я буду ...
[ja 'budu ...]

Soy vegetariano.

Я вегетаріанець /вегетаріанка/.
[ja wɛɦɛtari'anɛts /wɛɦɛtari'anka/.]

carne

м'ясо
['mʲaso]

pescado

риба
['riba]

verduras

овочі
['ɔwotʃi]

¿Tiene platos para vegetarianos?

У вас є вегетаріанські страви?
[u was 'ɛ wɛɦɛtari'ansʲki 'strawi?]

No como cerdo.

Я не їм свинину.
[ja nɛ im swi'ninu.]

Él /Ella/ no come carne.

Він /вона/ не їсть м'ясо.
[win /wo'na/ nɛ istʲ 'mʲaso.]

Soy alérgico a ...

У мене алергія на ...
[u 'mɛnɛ alɛr'ɦiʲa na ...]

¿Me puede traer …, por favor?

Принесіть мені, будь ласка …
[prinɛ'sitʲ mɛ'ni, budʲ 'laska …]

sal | pimienta | azúcar

сіль | перець | цукор
[silʲ | 'pɛrɛts | 'tsukor]

café | té | postre

каву | чай | десерт
['kawu | tʃaj | dɛ'sɛrt]

agua | con gas | sin gas

воду | з газом | без газу
['wɔdu | z 'ɦazom | bɛz 'ɦazu]

una cuchara | un tenedor | un cuchillo

ложку | вилку | ніж
['lɔʒku | 'wilku | niʒ]

un plato | una servilleta

тарілку | серветку
[ta'rilku | sɛr'wɛtku]

¡Buen provecho!

Смачного!
[smatʃ'nɔɦo!]

Uno más, por favor.

Принесіть ще, будь ласка.
[prinɛ'sitʲ ɕɛ, budʲ 'laska.]

Estaba delicioso.

Було дуже смачно.
[bu'lɔ 'duʒɛ 'smatʃno.]

---

la cuenta | el cambio | la propina

рахунок | здача | чайові
[ra'hunok | 'zdatʃa | tʃaʲo'wi]

La cuenta, por favor.

Рахунок, будь ласка.
[ra'hunok, budʲ 'laska.]

¿Puedo pagar con tarjeta?

Чи можу я заплатити карткою?
[tʃi 'mɔʒu ja zapla'titi 'kartkoʲu?]

Perdone, aquí hay un error.

Вибачте, тут помилка.
['wibatʃtɛ, tut po'milka.]

De Compras

¿Puedo ayudarle?
Чи можу я вам допомогти?
[ʧi 'mɔʒu ja wam dopomoɦ'ti?]

¿Tiene ...?
У вас є ...?
[u was 'ɛ ...?]

Busco ...
Я шукаю ...
[ja ʃu'kaʲu ...]

Necesito ...
Мені потрібен ...
[mɛ'ni po'tribɛn ...]

Sólo estoy mirando.
Я просто дивлюся.
[ja 'prɔsto 'diwlʲusʲa.]

Sólo estamos mirando.
Ми просто дивимося.
[mi 'prɔsto 'diwimosʲa.]

Volveré más tarde.
Я зайду пізніше.
[ja zaj'du piz'niʃɛ.]

Volveremos más tarde.
Ми зайдемо пізніше.
[mi 'zajdɛmo piz'niʃɛ.]

descuentos | oferta
знижки | розпродаж
['zniʒki | roz'prɔdaʒ]

Por favor, enséñeme ...
Покажіть мені, будь ласка ...
[poka'ʒitʲ mɛ'ni, budʲ 'laska ...]

¿Me puede dar ..., por favor?
Дайте мені, будь ласка ...
['dajtɛ mɛ'ni, budʲ 'laska ...]

¿Puedo probarmelo?
Чи можна мені це приміряти?
[ʧi 'mɔʒna mɛ'ni ʦɛ pri'mirʲati?]

Perdone, ¿dónde están los probadores?
Вибачте, де примірювальна?
['wibaʧtɛ, dɛ pri'mirʲuwalʲna?]

¿Qué color le gustaría?
Який колір ви хочете?
[ja'kij 'kolir wi 'hoʧɛtɛ?]

la talla | el largo
розмір | зріст
['rɔzmir | zrist]

¿Cómo le queda? (¿Está bien?)
Підійшло?
[pidij'ʃlɔ?]

¿Cuánto cuesta esto?
Скільки це коштує?
['skilʲki ʦɛ 'kɔʃtuɛ?]

Es muy caro.
Це занадто дорого.
[ʦɛ za'nadto 'dɔroɦo.]

Me lo llevo.
Я візьму це.
[ja wizʲ'mu ʦɛ.]

Perdone, ¿dónde está la caja?
Вибачте, де каса?
['wibaʧtɛ, dɛ 'kasa?]

¿Pagará en efectivo o con tarjeta? | **Як ви будете платити? Готівкою чи кредиткою?**
[jak wɨ ˈbudɛtɛ plaˈtɨtɨ? ɦoˈtiwkoʲu ʧi krɛˈdɨtkoʲu?]

en efectivo | con tarjeta | **готівкою | карткою**
[ɦoˈtiwkoʲu | ˈkartkoʲu]

¿Quiere el recibo? | **Вам потрібен чек?**
[wam poˈtribɛn ʧɛk?]

Sí, por favor. | **Так, будьте ласкаві.**
[tak, ˈbudʲtɛ lasˈkawi.]

No, gracias. | **Ні, не потрібно. Дякую.**
[ni, nɛ poˈtribno. ˈdʲakuʲu.]

Gracias. ¡Que tenga un buen día! | **Дякую. На все добре!**
[ˈdʲakuʲu. na wsɛ ˈdɔbrɛ.]

En la ciudad

Perdone, por favor.	**Вибачте, будь ласка …** ['wibatʃtɛ, budʲ 'laska …]
Busco …	**Я шукаю …** [ja ʃu'kaʲu …]
el metro	**метро** [mɛt'rɔ]
mi hotel	**свій готель** [swij ɦo'tɛlʲ]
el cine	**кінотеатр** [kinotɛ'atr]
una parada de taxis	**стоянку таксі** [stoʲanku tak'si]
un cajero automático	**банкомат** [banko'mat]
una oficina de cambio	**обмін валют** ['ɔbmin wa'lʲut]
un cibercafé	**інтернет-кафе** [intɛr'nɛt-ka'fɛ]
la calle …	**вулицю …** ['wulitsʲu …]
este lugar	**ось це місце** [osʲ tsɛ 'mistsɛ]
¿Sabe usted dónde está …?	**Чи не знаєте Ви, де знаходиться …?** [tʃi nɛ 'znaɛtɛ wi, dɛ zna'ɦoditʲsʲa …?]
¿Cómo se llama esta calle?	**Як називається ця вулиця?** [jak nazi'waɛtʲsʲa tsʲa 'wulitsʲa?]
Muestreme dónde estamos ahora.	**Покажіть, де ми зараз.** [poka'ʒitʲ, dɛ mi 'zaraz.]
¿Puedo llegar a pie?	**Я дійду туди пішки?** [ja dij'du tu'di 'piʃki?]
¿Tiene un mapa de la ciudad?	**У вас є карта міста?** [u was 'ɛ 'karta 'mista?]
¿Cuánto cuesta la entrada?	**Скільки коштує вхідний квиток?** ['skilʲki 'koʃtuɛ whid'nij kwi'tɔk?]
¿Se pueden hacer fotos aquí?	**Чи можна тут фотографувати?** [tʃi 'mɔʒna tut fotoɦrafu'wati?]
¿Está abierto?	**Ви відкриті?** [wi widk'riti?]

¿A qué hora abren?

О котрій ви відкриваєтесь?
[o kot'rij wɨ widkri'waɛtɛsʲ?]

¿A qué hora cierran?

До котрої години ви працюєте?
[do ko'trɔi ɦo'dɨnɨ wɨ pra'tsʲuɛtɛ?]

Dinero

dinero	**гроші** ['hrɔʃi]
efectivo	**готівкові гроші** [ɦotiw'kɔwi 'hrɔʃi]
billetes	**паперові гроші** [papɛ'rɔwi 'hrɔʃi]
monedas	**дрібні гроші** [drib'ni 'hrɔʃi]
la cuenta | el cambio | la propina	**рахунок | здача | чайові** [ra'hunok | 'zdatʃa | tʃaʲo'wi]
la tarjeta de crédito	**кредитна картка** [krɛ'ditna 'kartka]
la cartera	**гаманець** [ɦama'nɛts]
comprar	**купувати** [kupu'wati]
pagar	**платити** [pla'titi]
la multa	**штраф** ['ʃtraf]
gratis	**безкоштовно** [bɛzkoʃ'tɔwno]
¿Dónde puedo comprar ...?	**Де я можу купити ...?** [dɛ ja 'mɔʒu ku'piti ...?]
¿Está el banco abierto ahora?	**Чи відкритий зараз банк?** [tʃi wid'kritij 'zaraz bank?]
¿A qué hora abre?	**О котрій він відкривається?** [o kot'rij win widkri'waɛtʲsʲa?]
¿A qué hora cierra?	**До котрої години він працює?** [do ko'trɔi ɦo'dini win pra'tsʲuɛ?]
¿Cuánto cuesta?	**Скільки?** ['skilʲki?]
¿Cuánto cuesta esto?	**Скільки це коштує?** ['skilʲki tsɛ 'kɔʃtuɛ?]
Es muy caro.	**Це занадто дорого.** [tsɛ za'nadto 'dɔroɦo.]
Perdone, ¿dónde está la caja?	**Вибачте, де каса?** ['wibatʃtɛ, dɛ 'kasa?]
La cuenta, por favor.	**Рахунок, будь ласка.** [ra'hunok, budʲ 'laska.]

¿Puedo pagar con tarjeta?

Чи можу я заплатити карткою?
[tʃi 'mɔʒu ja zapla'tɨtɨ 'kartkoʲu?]

¿Hay un cajero por aquí?

Тут є банкомат?
[tut ɛ banko'mat?]

Busco un cajero automático.

Мені потрібен банкомат.
[mɛ'ni po'tribɛn banko'mat.]

Busco una oficina de cambio.

Я шукаю обмін валют.
[ja ʃu'kaʲu 'ɔbmin wa'lʲut.]

Quisiera cambiar ...

Я б хотів /хотіла/ поміняти ...
[ja b ho'tiw /ho'tila/ pomi'nʲatɨ ...]

¿Cuál es el tipo de cambio?

Який курс обміну?
[ja'kij kurs 'ɔbminu?]

¿Necesita mi pasaporte?

Вам потрібен мій паспорт?
[wam po'tribɛn mij 'pasport?]

Tiempo

¿Qué hora es?	**Котра година?** [ko'tra ɦo'dina?]
¿Cuándo?	**Коли?** [ko'lɨ?]
¿A qué hora?	**О котрій?** [o kot'rij?]
ahora | luego | después de …	**зараз | пізніше | після …** ['zaraz | piz'niʃɛ | 'pislʲa …]

la una	**перша година дня** ['pɛrʃa ɦo'dina dnʲa]
la una y cuarto	**п'ятнадцять на другу** [pʲat'nadtsʲatʲ na 'druɦu]
la una y medio	**половина другої** [polo'wɨna 'druɦoi]
las dos menos cuarto	**за п'ятнадцять друга** [za pʲat'natts'atʲ 'druɦa]

una | dos | tres	**один | два | три** [o'din | dwa | tri]
cuatro | cinco | seis	**чотири | п'ять | шість** [tʃo'tiri | 'pʲatʲ | ʃistʲ]
siete | ocho | nueve	**сім | вісім | дев'ять** [sim | 'wisim | 'dɛwʲatʲ]
diez | once | doce	**десять | одинадцять | дванадцять** ['dɛsʲatʲ | odi'nadtsʲatʲ | dwa'nadtsʲatʲ]

en …	**через …** ['tʃɛrɛz …]
cinco minutos	**5 хвилин** ['pʲatʲ hwi'lin]
diez minutos	**10 хвилин** ['dɛsʲatʲ hwi'lin]
quince minutos	**15 хвилин** [pʲat'nadtsʲatʲ hwi'lin]
veinte minutos	**20 хвилин** ['dwadtsʲatʲ hwi'lin]

media hora	**півгодини** [piwɦo'dini]
una hora	**одна година** [od'na ɦo'dina]
por la mañana	**вранці** ['wrantsi]

por la mañana temprano	**рано вранці** ['rano 'wrantsi]
esta mañana	**сьогодні вранці** [sʲo'ɦɔdni 'wrantsi]
mañana por la mañana	**завтра вранці** ['zawtra 'wrantsi]

al mediodía	**в обід** [w o'bid]
por la tarde	**після обіду** ['pislʲa o'bidu]
por la noche	**ввечері** ['wvɛʧɛri]
esta noche	**сьогодні ввечері** [sʲo'ɦɔdni 'wvɛʧɛri]

por la noche	**вночі** [wno'ʧi]
ayer	**вчора** ['wʧɔra]
hoy	**сьогодні** [sʲo'ɦɔdni]
mañana	**завтра** ['zawtra]
pasado mañana	**післязавтра** [pislʲa'zawtra]

¿Qué día es hoy?	**Який сьогодні день?** [ja'kij sʲo'ɦɔdni dɛnʲ?]
Es ...	**Сьогодні ...** [sʲo'ɦɔdni ...]
lunes	**понеділок** [pone'dilok]
martes	**вівторок** [wiw'tɔrok]
miércoles	**середа** [sɛrɛ'da]

jueves	**четвер** [ʧɛt'wɛr]
viernes	**п'ятниця** ['pʲʲatnitsʲa]
sábado	**субота** [su'bɔta]
domingo	**неділя** [nɛ'dilʲa]

Saludos. Presentaciones.

Hola.	**Добрий день.** ['dɔbrij dɛnʲ.]
Encantado /Encantada/ de conocerle.	**Радий /рада/ з вами познайомитися.** ['radij /'rada/ z 'wamɨ pozna'jɔmɨtɨsʲa.]
Yo también.	**Я теж.** [ja tɛʒ.]
Le presento a ...	**Знайомтеся. Це ...** [zna'jɔmtɛsʲa. tsɛ ...]
Encantado.	**Дуже приємно.** ['duʒɛ prɨ'ɛmno.]

¿Cómo está?	**Як ви? Як у вас справи?** [jak wɨ? jak u was 'sprawɨ?]
Me llamo ...	**Мене звуть ...** [mɛ'nɛ zwutʲ ...]
Se llama ...	**Його звуть ...** [ʲo'ɦɔ zwutʲ ...]
Se llama ...	**Її звуть ...** [iï 'zwutʲ ...]
¿Cómo se llama (usted)?	**Як вас звуть?** [jak was 'zwutʲ?]
¿Cómo se llama (él)?	**Як його звуть?** [jak ʲo'ɦɔ zwutʲ?]
¿Cómo se llama (ella)?	**Як її звуть?** [jak iï 'zwutʲ?]

¿Cuál es su apellido?	**Яке ваше прізвище?** [ja'kɛ 'waʃɛ 'prizwɨtsɛ?]
Puede llamarme ...	**Називайте мене ...** [nazɨ'wajtɛ mɛ'nɛ ...]
¿De dónde es usted?	**Звідки ви?** ['zwidkɨ wɨ?]
Yo soy de	**Я з ...** [ja z ...]
¿A qué se dedica?	**Ким ви працюєте?** [kɨm wɨ pra'tsʲuɛtɛ?]
¿Quién es?	**Хто це?** [hto tsɛ?]
¿Quién es él?	**Хто він?** [hto win?]
¿Quién es ella?	**Хто вона?** [hto wo'na?]
¿Quiénes son?	**Хто вони?** [hto wo'ni?]

Este es …	**Це …** [ʦɛ …]
mi amigo	**мій друг** [mij druɦ]
mi amiga	**моя подруга** [moʲa ˈpodruɦa]
mi marido	**мій чоловік** [mij ʧoloˈwik]
mi mujer	**моя дружина** [moʲa druˈʒina]

mi padre	**мій батько** [mij ˈbatʲko]
mi madre	**моя мама** [moʲa ˈmama]
mi hermano	**мій брат** [mij brat]
mi hermana	**моя сестра** [moʲa sɛsˈtra]
mi hijo	**мій син** [mij sin]
mi hija	**моя дочка** [moʲa doʧˈka]

Este es nuestro hijo.	**Це наш син.** [ʦɛ naʃ sin.]
Esta es nuestra hija.	**Це наша дочка.** [ʦɛ ˈnaʃa doʧˈka.]
Estos son mis hijos.	**Це мої діти.** [ʦɛ moˈi ˈditi.]
Estos son nuestros hijos.	**Це наші діти.** [ʦɛ ˈnaʃi ˈditi.]

Despedidas

¡Adiós!	**До побачення!** [do po'batʃɛnʲaǃ]
¡Chau!	**Бувай!** [bu'waj!]
Hasta mañana.	**До завтра.** [do 'zawtra.]
Hasta pronto.	**До зустрічі.** [do 'zustritʃi.]
Te veo a las siete.	**Зустрінемось о сьомій.** [zust'rinɛmosʲ o 'sʲɔmij.]

¡Que se diviertan!	**Розважайтеся!** [rozwa'ʒajtɛsʲa!]
Hablamos más tarde.	**Поговоримо пізніше.** [poɦo'wɔrimo piz'niʃɛ.]
Que tengas un buen fin de semana.	**Вдалих вихідних.** ['wdalih wihid'nih.]
Buenas noches.	**На добраніч.** [na do'braniʧ.]

Es hora de irme.	**Мені вже час.** [mɛ'ni wʒɛ ʧas.]
Tengo que irme.	**Мушу йти.** ['muʃu jti.]
Ahora vuelvo.	**Я зараз повернусь.** [ja 'zaraz powɛr'nusʲ.]

Es tarde.	**Вже пізно.** [wʒɛ 'pizno.]
Tengo que levantarme temprano.	**Мені рано вставати.** [mɛ'ni 'rano wsta'wati.]
Me voy mañana.	**Я завтра від'їжджаю.** [ja 'zawtra widʲiʒ'dʒaʲu.]
Nos vamos mañana.	**Ми завтра від'їжджаємо.** [mɨ 'zawtra widʲiʒ'dʒaɛmo.]

¡Que tenga un buen viaje!	**Щасливої поїздки!** [ɕas'lɨwoi po'izdki!]
Ha sido un placer.	**Було приємно з вами познайомитися.** [bu'lɔ pri'ɛmno z 'wami pozna'jɔmitisʲa.]

| Fue un placer hablar con usted. | **Було приємно з вами поспілкуватися.**
[bu'lɔ prɨ'ɛmno z 'wamɨ pospilku'watisʲa.] |
| Gracias por todo. | **Дякую за все.**
['dʲakuʲu za wsɛ.] |

Lo he pasado muy bien.	**Я чудово провів /провела/ час.** [ja tʃu'dɔwo pro'wiw /prowɛ'la/ tʃas.]
Lo pasamos muy bien.	**Ми чудово провели час.** [mɨ tʃu'dɔwo prowɛ'lɨ tʃas.]
Fue genial.	**Все було чудово.** [wsɛ bu'lɔ tʃu'dɔwo.]
Le voy a echar de menos.	**Я буду сумувати.** [ja 'budu sumu'wati.]
Le vamos a echar de menos.	**Ми будемо сумувати.** [mɨ 'budɛmo sumu'wati.]

| ¡Suerte! | **Успіхів! Щасливо!**
['uspihiw! ɕas'lɨwo!] |
| Saludos a ... | **Передавайте вітання ...**
[pɛrɛda'wajtɛ wi'tanʲa ...] |

Idioma extranjero

No entiendo.
Я не розумію.
[ja nɛ rozu'miʲu.]

Escríbalo, por favor.
Напишіть це, будь ласка.
[napi'ʃitʲ tsɛ, budʲ 'laska.]

¿Habla usted ...?
Ви знаєте ...?
[wɨ 'znaɛtɛ ...?]

Hablo un poco de ...
Я трохи знаю ...
[ja 'trɔhɨ zna'u ...]

inglés
англійська
[anɦ'lijsʲka]

turco
турецька
[tu'rɛtska]

árabe
арабська
[a'rabsʲka]

francés
французька
[fran'tsuzʲka]

alemán
німецька
[ni'mɛtska]

italiano
італійська
[ita'lijsʲka]

español
іспанська
[is'pansʲka]

portugués
португальська
[portu'ɦalʲsʲka]

chino
китайська
[ki'tajsʲka]

japonés
японська
[ja'pɔnsʲka]

¿Puede repetirlo, por favor?
Повторіть, будь ласка.
[powto'ritʲ, budʲ 'laska.]

Lo entiendo.
Я розумію.
[ja rozu'miʲu.]

No entiendo.
Я не розумію.
[ja nɛ rozu'miʲu.]

Hable más despacio, por favor.
Говоріть повільніше, будь ласка.
[ɦowo'ritʲ po'wilʲniʃɛ, 'budʲ 'laska.]

¿Está bien?
Це правильно?
[tsɛ 'prawiɫʲno?]

¿Qué es esto? (¿Que significa esto?)
Що це?
[ɕo 'tsɛ?]

Disculpas

Perdone, por favor.
Вибачте, будь ласка.
['wɨbatʃtɛ, budʲ 'laska.]

Lo siento.
Мені шкода.
[mɛ'ni 'ʃkɔda.]

Lo siento mucho.
Мені дуже шкода.
[mɛ'ni 'duʒɛ 'ʃkɔda.]

Perdón, fue culpa mía.
Винен /Винна/, це моя вина.
['wɨnɛn /'wina/ , ʦɛ mo'ʲa wɨ'na.]

Culpa mía.
Моя помилка.
[mo'ʲa po'mɨlka.]

¿Puedo …?
Чи можу я …?
[ʧɨ 'mɔʒu ja …?]

¿Le molesta si …?
Ви не заперечуватимете, якщо я …?
[wɨ nɛ zapɛ'rɛʧuwatimɛtɛ, jak'ɕɔ ja …?]

¡No hay problema! (No pasa nada.)
Нічого страшного.
[ni'ʧɔɦo straʃ'nɔɦo.]

Todo está bien.
Все гаразд.
[wsɛ ɦa'razd.]

No se preocupe.
Не турбуйтесь.
[nɛ tur'bujtɛsʲ.]

Acuerdos

Sí.	**Так.** [tak.]
Sí, claro.	**Так, звичайно.** [tak, zwi'ʧajno.]
Bien.	**Добре!** ['dɔbrɛ!]
Muy bien.	**Дуже добре.** ['duʒɛ 'dɔbrɛ.]
¡Claro que sí!	**Звичайно!** [zwi'ʧajno!]
Estoy de acuerdo.	**Я згідний /згідна/.** [ja 'zɦidnij /'zɦidna/.]

Es verdad.	**Вірно.** ['wirno.]
Es correcto.	**Правильно.** ['prawilʲno.]
Tiene razón.	**Ви праві.** [wɨ pra'wi.]
No me molesta.	**Я не заперечую.** [ja nɛ zapɛ'rɛʧuʲu.]
Es completamente cierto.	**Абсолютно вірно.** [abso'lʲutno 'wirno.]

Es posible.	**Це можливо.** [ʦɛ moʒ'lɨwo.]
Es una buena idea.	**Це гарна думка.** [ʦɛ 'ɦarna 'dumka.]
No puedo decir que no.	**Не можу відмовити.** [nɛ 'mɔʒu wid'mɔwiti.]
Estaré encantado /encantada/.	**Буду радий /рада/.** ['budu 'radij /'rada/.]
Será un placer.	**Із задоволенням.** [iz zado'wɔlɛnjam.]

Rechazo. Expresar duda

No.

Ні.
[ni.]

Claro que no.

Звичайно, ні.
[zwi'ʧajno, ni.]

No estoy de acuerdo.

Я не згідний /згідна/.
[ja nɛ 'zɦidnij /'zɦidna/.]

No lo creo.

Я так не думаю.
[ja tak nɛ 'dumaʲu.]

No es verdad.

Це неправда.
[ʦɛ nɛ'prawda.]

No tiene razón.

Ви неправі.
[wɨ nɛpra'wi.]

Creo que no tiene razón.

Я думаю, що ви неправі.
[ja 'dumaʲu, ɕo wɨ nɛpra'wi.]

No estoy seguro /segura/.

Не впевнений /впевнена/.
[nɛ 'wpɛwnɛnij /'wpɛwnɛna/.]

No es posible.

Це неможливо.
[ʦɛ nɛmoʒ'lɨwo.]

¡Nada de eso!

Нічого подібного!
[ni'ʧoɦo po'dibnoɦo!]

Justo lo contrario.

Навпаки!
[nawpa'kɨ!]

Estoy en contra de ello.

Я проти.
[ja 'protɨ.]

No me importa. (Me da igual.)

Мені все одно.
[mɛ'ni wsɛ od'nɔ.]

No tengo ni idea.

Гадки не маю.
['ɦadkɨ nɛ 'maʲu.]

Dudo que sea así.

Сумніваюся, що це так.
[sumni'waʲusʲa, ɕo ʦɛ tak.]

Lo siento, no puedo.

Вибачте, я не можу.
['wɨbaʧtɛ, ja nɛ 'mɔʒu.]

Lo siento, no quiero.

Вибачте, я не хочу.
['wɨbaʧtɛ, ja nɛ 'hotʃu.]

Gracias, pero no lo necesito.

Дякую, мені це не потрібно.
['dʲakuʲu, mɛ'ni ʦɛ nɛ pot'ribno.]

Ya es tarde.

Вже пізно.
[wʒɛ 'pizno.]

Tengo que levantarme temprano.

Мені рано вставати.
[mɛ'ni 'rano wsta'wati.]

Me encuentro mal.

Я погано себе почуваю.
[ja po'ɦano sɛ'bɛ poʧu'waʲu.]

Expresar gratitud

Gracias.
Дякую.
['dʲakuʲu.]

Muchas gracias.
Дуже дякую.
['duʒɛ 'dʲakuʲu.]

De verdad lo aprecio.
Дуже вдячний /вдячна/.
['duʒɛ 'wdʲatʃnij /'wdʲatʃna/.]

Se lo agradezco.
Я вам вдячний /вдячна/.
[ja wam 'wdʲatʃnij /'wdʲatʃna/.]

Se lo agradecemos.
Ми Вам вдячні.
[mɪ wam 'wdʲatʃni.]

Gracias por su tiempo.
Дякую, що витратили час.
['dʲakuʲu, ço 'witratɪlɪ tʃas.]

Gracias por todo.
Дякую за все.
['dʲakuʲu za wsɛ.]

Gracias por …
Дякую за …
['dʲakuʲu za …]

su ayuda
вашу допомогу
['waʃu dopo'mɔɦu]

tan agradable momento
гарний час
['ɦarnij tʃas]

una comida estupenda
чудову їжу
[tʃu'dɔwu 'iʒu]

una velada tan agradable
приємний вечір
[prɪ'ɛmnij 'wɛtʃir]

un día maravilloso
чудовий день
[tʃu'dɔwij dɛnʲ]

un viaje increíble
цікаву екскурсію
[tsi'kawu ɛks'kursiʲu]

No hay de qué.
Нема за що.
[nɛ'ma za ço.]

De nada.
Не варто дякувати.
[nɛ 'warto 'dʲakuwatɪ.]

Siempre a su disposición.
Завжди будь ласка.
[za'wʒdɪ budʲ 'laska.]

Encantado /Encantada/ de ayudarle.
Був радий /Була рада/ допомогти.
[buw 'radij /bu'la 'rada/ dopomoɦ'ti.]

No hay de qué.
Забудьте. Все гаразд.
[za'budʲtɛ wsɛ ɦa'razd.]

No tiene importancia.
Не турбуйтесь.
[nɛ tur'bujtɛsʲ.]

Felicitaciones , Mejores Deseos

¡Felicidades!
Вітаю!
[wi'taʲu!]

¡Feliz Cumpleaños!
З Днем народження!
[z dnɛm na'rɔdʒɛnʲa!]

¡Feliz Navidad!
Веселого Різдва!
[wɛ'sɛloɦo rizd'wa!]

¡Feliz Año Nuevo!
З Новим роком!
[z no'wɨm 'rɔkom!]

¡Felices Pascuas!
Зі Світлим Великоднем!
[zi 'switlɨm wɛ'lɨkodnɛm!]

¡Feliz Hanukkah!
Щасливої Хануки!
[ɕas'lɨwoi ha'nukɨ!]

Quiero brindar.
У мене є тост.
[u 'mɛnɛ ɛ tost.]

¡Salud!
За ваше здоров'я!
[za 'waʃɛ zdo'rɔwʲa]

¡Brindemos por …!
Вип'ємо за …!
['wɨpʲɛmo za …!]

¡A nuestro éxito!
За наш успіх!
[za naʃ 'uspih!]

¡A su éxito!
За ваш успіх!
[za waʃ 'uspih!]

¡Suerte!
Успіхів!
['uspihiw!]

¡Que tenga un buen día!
Гарного вам дня!
['ɦarnoɦo wam dnʲa!]

¡Que tenga unas buenas vacaciones!
Гарного вам відпочинку!
['ɦarnoɦo wam widpo'tʃinku!]

¡Que tenga un buen viaje!
Вдалої поїздки!
['wdaloi po'izdkɨ!]

¡Espero que se recupere pronto!
Бажаю вам швидкого одужання!
[ba'ʒaʲu wam ʃwid'kɔɦo o'duʒanʲa!]

Socializarse

¿Por qué está triste?	**Чому ви засмучені?** [tʃoˈmu wɨ zasˈmutʃɛni?]
¡Sonría! ¡Animese!	**Посміхніться!** [posmihˈnitʲsʲa!]
¿Está libre esta noche?	**Ви не зайняті сьогодні ввечері?** [wɨ nɛ ˈzajnʲati sʲoˈɦɔdni ˈwwɛtʃɛri?]

¿Puedo ofrecerle algo de beber?	**Чи можу я запропонувати вам випити?** [tʃɨ ˈmɔʒu ja zaproponuˈwati wam ˈwɨpɨti?]
¿Querría bailar conmigo?	**Чи не хочете потанцювати?** [tʃɨ nɛ ˈhɔtʃɛtɛ potanʲtsʲuˈwati?]
Vamos a ir al cine.	**Може сходимо в кіно?** [ˈmɔʒɛ ˈshɔdɨmo w kiˈnɔ?]

¿Puedo invitarle a ...?	**Чи можна запросити вас в ...?** [tʃɨ ˈmɔʒna zaproˈsɨti was w ...?]
un restaurante	**ресторан** [rɛstoˈran]
el cine	**кіно** [kiˈnɔ]
el teatro	**театр** [tɛˈatr]
dar una vuelta	**на прогулянку** [na proˈɦulʲanku]

¿A qué hora?	**О котрій?** [o kotˈrij?]
esta noche	**сьогодні ввечері** [sʲoˈɦɔdni ˈwvɛtʃɛri]
a las seis	**о 6 годині** [o ˈʃɔstij ɦoˈdɨni]
a las siete	**о 7 годині** [o ˈsjɔmij ɦoˈdɨni]
a las ocho	**о 8 годині** [o ˈwɔsʲmij ɦoˈdɨni]
a las nueve	**о 9 годині** [o dɛˈwʲjatij ɦoˈdɨni]

¿Le gusta este lugar?	**Вам тут подобається?** [wam tut poˈdɔbaɛtʲsʲa?]
¿Está aquí con alguien?	**Ви тут з кимось?** [wɨ tut z ˈkɨmosʲ?]

Estoy con mi amigo /amiga/.

Я з другом /подругою/.
[ja z 'druɦom /'pɔdruɦoʲu/.]

Estoy con amigos.

Я з друзями.
[ja z 'druzʲamɨ.]

No, estoy solo /sola/.

Я один /одна/.
[ja o'dɨn /od'na/.]

¿Tienes novio?

У тебе є приятель?
[u 'tɛbɛ ɛ 'prijatɛlʲ?]

Tengo novio.

У мене є друг.
[u 'mɛnɛ ɛ druɦ.]

¿Tienes novia?

У тебе є подружка?
[u 'tɛbɛ ɛ 'pɔdruʒka?]

Tengo novia.

У мене є дівчина.
[u 'mɛnɛ ɛ 'diwtʃina.]

¿Te puedo volver a ver?

Ми ще зустрінемося?
[mɨ ɕɛ zu'strinɛmosʲa?]

¿Te puedo llamar?

Чи можна тобі подзвонити?
[tʃɨ 'mɔʒna to'bi zatɛlɛfonu'watɨ?]

Llámame.

Подзвони мені.
[pɔdzwo'nɨ mɛ'ni.]

¿Cuál es tu número?

Який у тебе номер?
[ja'kɨj u 'tɛbɛ 'nɔmɛr?]

Te echo de menos.

Я сумую за тобою.
[ja su'muʲu za to'bɔʲu.]

¡Qué nombre tan bonito!

У вас дуже гарне ім'я.
[u was 'duʒɛ 'ɦarnɛ i'mʲa.]

Te quiero.

Я тебе кохаю.
[ja tɛbɛ ko'haʲu.]

¿Te casarías conmigo?

Виходь за мене.
[wɨ'hɔdʲ za 'mɛnɛ.]

¡Está de broma!

Ви жартуєте!
[wɨ ʒar'tuɛtɛ!]

Sólo estoy bromeando.

Я просто жартую.
[ja 'prɔsto ʒar'tuʲu.]

¿En serio?

Ви серйозно?
[wɨ sɛr'jɔzno?]

Lo digo en serio.

Я серйозно.
[ja sɛr'jɔzno.]

¿De verdad?

Справді?!
['sprawdi?!]

¡Es increíble!

Це неймовірно!
[ʦɛ nɛjmo'wirno]

No le creo.

Я вам не вірю.
[ja wam nɛ 'wirʲu.]

No puedo.

Я не можу.
[ja nɛ 'mɔʒu.]

No lo sé.

Я не знаю.
[ja nɛ 'znaʲu.]

No le entiendo.

Я вас не розумію.
[ja was nɛ rozu'miʲu.]

Váyase, por favor.

Ідіть, будь ласка.
[i'ditʲ, budʲ 'laska.]

¡Déjeme en paz!

Залиште мене в спокої!
[za'liʃtɛ mɛ'nɛ w 'spɔkoi!]

Es inaguantable.

Я його терпіти не можу.
[ja ʲo'ho tɛr'piti nɛ 'mɔʒu.]

¡Es un asqueroso!

Ви огидні!
[wɨ o'ɦidni!]

¡Llamaré a la policía!

Я викличу поліцію!
[ja 'wiklitʃu po'litsiʲu!]

Compartir impresiones. Emociones

Me gusta.
Мені це подобається.
[mɛ'ni ʦɛ po'dobaɛtʲsʲa.]

Muy lindo.
Дуже мило.
['duʒɛ 'miɫo.]

¡Es genial!
Це чудово!
[ʦɛ ʧu'dɔwo!]

No está mal.
Це непогано.
[ʦɛ nɛpo'ɦano.]

No me gusta.
Мені це не подобається.
[mɛ'ni ʦɛ nɛ po'dobaɛtʲsʲa.]

No está bien.
Це недобре.
[ʦɛ nɛ'dɔbrɛ.]

Está mal.
Це погано.
[ʦɛ po'ɦano.]

Está muy mal.
Це дуже погано.
[ʦɛ 'duʒɛ po'ɦano.]

¡Qué asco!
Це огидно.
[ʦɛ o'ɦidno.]

Estoy feliz.
Я щасливий /щаслива/.
[ja ɕas'ɫiwij /ɕas'ɫiwa/.]

Estoy contento /contenta/.
Я задоволений /задоволена/.
[ja zado'woɫɛnij /zado'woɫɛna/.]

Estoy enamorado /enamorada/.
Я закоханий /закохана/.
[ja za'kɔhanij /za'kɔhana/.]

Estoy tranquilo.
Я спокійний /спокійна/.
[ja spo'kijnij /spo'kijna/.]

Estoy aburrido.
Мені нудно.
[mɛ'ni 'nudno.]

Estoy cansado /cansada/.
Я втомився /втомилася/.
[ja wto'miwsʲa /wto'miɫasʲa/.]

Estoy triste.
Мені сумно.
[mɛ'ni 'sumno.]

Estoy asustado.
Я наляканий /налякана/.
[ja na'lʲakanij /na'lʲakana/.]

Estoy enfadado /enfadada/.
Я злюся.
[ja 'zlʲusʲa.]

Estoy preocupado /preocupada/.
Я хвилююся.
[ja hwi'lʲuʲusʲa.]

Estoy nervioso /nerviosa/.
Я нервую.
[ja nɛr'wuʲu.]

Estoy celoso /celosa/.

Я заздрю.
[ja 'zazdrʲu.]

Estoy sorprendido /sorprendida/.

Я здивований /здивована/.
[ja zdɨ'wɔwanij /zdɨ'wɔwana/.]

Estoy perplejo /perpleja/.

Я спантеличений /спантеличена/.
[ja spantɛ'litʃɛnij /spantɛ'litʃɛna/.]

Problemas, Accidentes

Tengo un problema.

В мене проблема.
[w 'mɛnɛ prob'lɛma.]

Tenemos un problema.

У нас проблема.
[u nas prob'lɛma.]

Estoy perdido /perdida/.

Я заблукав /заблукала/.
[ja zablu'kaw /zablu'kala/.]

Perdi el último autobús (tren).

Я запізнився на останній автобус (поїзд).
[ja zapiz'niwsʲa na os'tanij aw'tɔbus ('pɔizd).]

No me queda más dinero.

У мене зовсім не залишилося грошей.
[u 'mɛnɛ 'zɔwsim nɛ za'lɨ'ʃilosʲa 'ɦrɔʃɛj.]

He perdido …

Я загубив /загубила/ …
[ja zaɦu'bɨw /zaɦu'bɨla/ …]

Me han robado …

В мене вкрали …
[w 'mɛnɛ 'wkralɨ …]

mi pasaporte

паспорт
['pasport]

mi cartera

гаманець
[ɦama'nɛts]

mis papeles

документи
[doku'mɛntɨ]

mi billete

квиток
[kwɨ'tɔk]

mi dinero

гроші
['ɦrɔʃi]

mi bolso

сумку
['sumku]

mi cámara

фотоапарат
[fotoapa'rat]

mi portátil

ноутбук
[nout'buk]

mi tableta

планшет
[plan'ʃet]

mi teléfono

телефон
[tɛlɛ'fɔn]

¡Ayúdeme!

Допоможіть!
[dopomo'ʒitʲ]

¿Qué pasó?

Що трапилося?
[ço 'trapɨlosʲa?]

el incendio	**пожежа** [po'ʒɛʒa]
un tiroteo	**стрілянина** [strilʲa'nina]
el asesinato	**вбивство** ['wbiwstwo]
una explosión	**вибух** ['wibuh]
una pelea	**бійка** ['bijka]

¡Llame a la policía!	**Викличте поліцію!** ['wiklitʃtɛ po'litsiʲu!]
¡Más rápido, por favor!	**Будь ласка, швидше!** [budʲ 'laska, 'ʃwidʃɛ!]
Busco la comisaría.	**Я шукаю поліцейську дільницю.** [ja ʃu'kaʲu poli'tsɛjsʲku dilʲ'nitsʲu.]
Tengo que hacer una llamada.	**Мені треба зателефонувати.** [mɛ'ni 'trɛba zatɛlɛfonu'wati.]
¿Puedo usar su teléfono?	**Чи можна мені зателефонувати?** [tʃi 'mɔʒna mɛ'ni zatɛlɛfonu'wati?]

Me han …	**Мене …** [mɛ'nɛ …]
asaltado /asaltada/	**пограбували** [poɦrabu'wali]
robado /robada/	**обікрали** [obi'krali]
violada	**зґвалтували** [zgwaltu'wali]
atacado /atacada/	**побили** [po'bili]

¿Se encuentra bien?	**З вами все гаразд?** [z 'wami wsɛ ɦa'razd?]
¿Ha visto quien a sido?	**Ви бачили, хто це був?** [wi 'batʃili, hto tsɛ buw?]
¿Sería capaz de reconocer a la persona?	**Ви зможете його впізнати?** [wi 'zmɔʒɛtɛ ʲo'ɦɔ wpiz'nati?]
¿Está usted seguro?	**Ви точно впевнені?** [wi 'tɔtʃno 'wpɛwnɛni?]

Por favor, cálmese.	**Будь ласка, заспокойтеся.** [budʲ 'laska, zaspo'kɔjtɛsʲa.]
¡Cálmese!	**Спокійніше!** [spokij'niʃɛ!]
¡No se preocupe!	**Не турбуйтесь.** [nɛ tur'bujtɛsʲ.]
Todo irá bien.	**Все буде добре.** [wsɛ 'budɛ 'dɔbrɛ.]
Todo está bien.	**Все гаразд.** [wsɛ ɦa'razd.]

Venga aquí, por favor.	**Підійдіть, будь ласка.**
	[pidij'ditʲ, budʲ 'laska.]
Tengo unas preguntas para usted.	**У мене до вас кілька запитань.**
	[u 'mɛnɛ do was 'kilʲka zapi'tanʲ.]
Espere un momento, por favor.	**Зачекайте, будь ласка.**
	[zatʃɛ'kajtɛ, budʲ 'laska.]

¿Tiene un documento de identidad?	**У вас є документи?**
	[u was 'ɛ doku'mɛnti?]
Gracias. Puede irse ahora.	**Дякую. Ви можете йти.**
	['dʲakuʲu. wɨ 'mɔʒɛtɛ jtɨ.]
¡Manos detrás de la cabeza!	**Руки за голову!**
	['ruki za 'ɦɔlowu!]
¡Está arrestado!	**Ви заарештовані!**
	[wɨ zaarɛʃtowani!]

Problemas de salud

Ayudeme, por favor.
Допоможіть, будь ласка.
[dopomo'ʒitʲ, budʲ 'laska.]

No me encuentro bien.
Мені погано.
[mɛ'ni po'ɦano.]

Mi marido no se encuentra bien.
Моєму чоловікові погано.
[mo'ɛmu tʃolo'wikowi po'ɦano.]

Mi hijo …
Моєму сину …
[mo'ɛmu 'sɨnu …]

Mi padre …
Моєму батькові …
[mo'ɛmu 'batʲkowi …]

Mi mujer no se encuentra bien.
Моїй дружині погано.
[mo'ij dru'ʒini po'ɦano.]

Mi hija …
Моїй дочці …
[mo'ij dotʃ'tsi …]

Mi madre …
Моїй матері …
[mo'ij 'matɛri …]

Me duele …
У мене болить …
[u 'mɛnɛ bo'litʲ …]

la cabeza
голова
[ɦolo'wa]

la garganta
горло
['ɦɔrlo]

el estómago
живіт
[ʒɨ'wit]

un diente
зуб
[zub]

Estoy mareado.
У мене паморочиться голова.
[u 'mɛnɛ 'pamorotʃitʲsʲa ɦolo'wa.]

Él tiene fiebre.
У нього температура.
[u 'njɔɦo tɛmpɛra'tura.]

Ella tiene fiebre.
У неї температура.
[u nɛi tɛmpɛra'tura.]

No puedo respirar.
Я не можу дихати.
[ja nɛ 'mɔʒu 'dihati.]

Me ahogo.
Я задихаюсь.
[ja zadi'haʲusʲ.]

Tengo asma.
Я астматик.
[ja ast'matik.]

Tengo diabetes.
Я діабетик.
[ja dia'bɛtik.]

No puedo dormir.

intoxicación alimentaria

В мене безсоння.
[w 'mɛnɛ bɛz'sɔnʲa.]

харчове отруєння
[hartʃoˈwɛ otˈruɛnʲa]

Me duele aquí.

¡Ayúdeme!

¡Estoy aquí!

¡Estamos aquí!

¡Saquenme de aquí!

Necesito un médico.

No me puedo mover.

No puedo mover mis piernas.

Болить ось тут.
[boˈlitʲ osʲ tut.]

Допоможіть!
[dopomoˈʒitʲ!]

Я тут!
[ja tut!]

Ми тут!
[mi tut!]

Витягніть мене!
[ˈwitʲaɦnitʲ mɛˈnɛ!]

Мені потрібен лікар.
[mɛˈni poˈtribɛn ˈlikar.]

Я не можу рухатися.
[ja nɛ ˈmɔʒu ˈruhatisʲa.]

Я не відчуваю ніг.
[ja nɛ widtʃuˈwaʲu niɦ.]

Tengo una herida.

¿Es grave?

Mis documentos están en mi bolsillo.

¡Cálmese!

¿Puedo usar su teléfono?

Я поранений /поранена/.
[ja poˈranɛnij /poˈranɛna/.]

Це серйозно?
[tsɛ sɛrˈjozno?]

Мої документи в кишені.
[moˈi dokuˈmɛnti w kiˈʃɛni.]

Заспокойтеся!
[zaspoˈkɔjtɛsʲa!]

Чи можна мені зателефонувати?
[tʃi ˈmɔʒna mɛˈni zatɛlɛfonuˈwati?]

¡Llame a una ambulancia!

¡Es urgente!

¡Es una emergencia!

¡Más rápido, por favor!

¿Puede llamar a un médico, por favor?

¿Dónde está el hospital?

Викличте швидку!
[ˈwiklitʃtɛ ʃwidˈku!]

Це терміново!
[tsɛ tɛrmiˈnowo!]

Це дуже терміново!
[tsɛ ˈduʒɛ tɛrmiˈnowo!]

Будь ласка, швидше!
[budʲ ˈlaska, ˈʃwidʃɛ!]

Викличте лікаря, будь ласка.
[ˈwiklitʃtɛ ˈlikarʲa, budʲ ˈlaska.]

Скажіть, де лікарня?
[skaˈʒitʲ, dɛ liˈkarnʲa?]

¿Cómo se siente?

¿Se encuentra bien?

¿Qué pasó?

Як ви себе почуваєте?
[jak wi sɛˈbɛ potʃuˈwaɛtɛ?]

З вами все гаразд?
[z ˈwami wsɛ ɦaˈrazd?]

Що трапилося?
[ɕo ˈtrapilosʲa?]

Me encuentro mejor.

Мені вже краще.
[mɛ'ni wʒɛ 'kraɕɛ.]

Está bien.

Все гаразд.
[wsɛ ɦa'razd.]

Todo está bien.

Все добре.
[wsɛ 'dɔbrɛ.]

En la farmacia

la farmacia	**аптека**
	[ap'tɛka]
la farmacia 24 horas	**цілодобова аптека**
	[ʦilodo'bɔwa ap'tɛka]
¿Dónde está la farmacia más cercana?	**Де найближча аптека?**
	[dɛ najb'liʒʧa ap'tɛka?]
¿Está abierta ahora?	**Вона зараз відкрита?**
	[wo'na 'zaraz wid'krita?]
¿A qué hora abre?	**О котрій вона відкривається?**
	[o kot'rij wo'na widkri'waɛt'sʲa?]
¿A qué hora cierra?	**До котрої години вона працює?**
	[do ko'trɔi ɦo'dini wo'na pra'ʦʲuɛ?]
¿Está lejos?	**Це далеко?**
	[ʦɛ da'lɛko?]
¿Puedo llegar a pie?	**Я дійду туди пішки?**
	[ja dij'du tu'di 'piʃki?]
¿Puede mostrarme en el mapa?	**Покажіть мені на карті, будь ласка.**
	[poka'ʒitʲ mɛ'ni na 'karti, budʲ 'laska.]
Por favor, deme algo para …	**Дайте мені, що-небудь від …**
	['dajtɛ mɛ'ni, ɕo-'nɛbudʲ wid …]
un dolor de cabeza	**головного болю**
	[ɦolow'nɔɦo 'bɔlʲu]
la tos	**кашлю**
	['kaʃlʲu]
el resfriado	**застуди**
	[za'studi]
la gripe	**грипу**
	['ɦripu]
la fiebre	**температури**
	[tɛmpɛra'turi]
un dolor de estomago	**болю в шлунку**
	['bɔlʲu w 'ʃlunku]
nauseas	**нудоти**
	[nu'dɔti]
la diarrea	**діареї**
	[dia'rɛi]
el estreñimiento	**запору**
	[za'pɔru]
un dolor de espalda	**біль у спині**
	['bilʲ u spi'ni]

un dolor de pecho	біль у грудях
	['bilʲ u 'ɦrudʲah]
el flato	біль у боці
	['bilʲ u 'botsi]
un dolor abdominal	біль в животі
	['bilʲ w ʒiwo'ti]

la píldora	таблетка
	[tab'lɛtka]
la crema	мазь, крем
	[mazʲ, krɛm]
el jarabe	сироп
	[sɨ'rɔp]
el spray	спрей
	['sprɛj]
las gotas	краплі
	['krapli]

Tiene que ir al hospital.	Вам потрібно в лікарню.
	[wam po'tribno w li'karnʲu.]
el seguro de salud	страховка
	[stra'hɔwka]
la receta	рецепт
	[rɛ'tsɛpt]
el repelente de insectos	засіб від комах
	['zasib wid ko'mah]
la curita	лейкопластир
	[lɛjko'plastir]

Lo más imprescindible

Perdone, ...	**Вибачте, ...** ['wɨbatʃtɛ, ...]
Hola.	**Добрий день.** ['dɔbrij dɛnʲ.]
Gracias.	**Дякую.** ['dʲakuʲu.]

Sí.	**Так.** [tak.]
No.	**Ні.** [ni.]
No lo sé.	**Я не знаю.** [ja nɛ 'znaʲu.]
¿Dónde? | ¿A dónde? | ¿Cuándo?	**Де? | Куди? | Коли?** [dɛ? | ku'dɨ? | ko'lɨ?]

Necesito ...	**Мені потрібен ...** [mɛ'ni po'tribɛn ...]
Quiero ...	**Я хочу ...** [ja 'hɔtʃu ...]
¿Tiene ...?	**У вас є ...?** [u was 'ɛ ...?]
¿Hay ... por aquí?	**Тут є ...?** [tut ɛ ...?]
¿Puedo ...?	**Чи можна мені ...?** [tʃɨ 'mɔʒna mɛ'ni ...?]
..., por favor? (petición educada)	**Будь ласка** [budʲ 'laska]

Busco ...	**Я шукаю ...** [ja ʃu'kaʲu ...]
el servicio	**туалет** [tua'lɛt]
un cajero automático	**банкомат** [banko'mat]
una farmacia	**аптеку** [ap'tɛku]
el hospital	**лікарню** [li'karnʲu]

la comisaría	**поліцейську дільницю** [poli'tsɛjsʲku dilʲ'nɨtsʲu]
el metro	**метро** [mɛt'rɔ]

un taxi	таксі [tak'si]
la estación de tren	вокзал [wok'zal]

Me llamo …	Мене звуть … [mɛ'nɛ zwutʲ …]
¿Cómo se llama?	Як вас звуть? [jak was 'zwutʲ?]
¿Puede ayudarme, por favor?	Допоможіть мені, будь ласка. [dopomo'ʒitʲ mɛ'ni, budʲ 'laska.]
Tengo un problema.	У мене проблема. [u 'mɛnɛ prob'lɛma.]
Me encuentro mal.	Мені погано. [mɛ'ni po'ɦano.]
¡Llame a una ambulancia!	Викличте швидку! ['wiklitʃtɛ ʃwid'ku!]
¿Puedo llamar, por favor?	Чи можна мені зателефонувати? [tʃi 'mɔʒna mɛ'ni zatɛlɛfonu'wati?]

Lo siento.	Прошу вибачення ['prɔʃu 'wibatʃɛnʲa]
De nada.	Прошу ['prɔʃu]

Yo	я [ja]
tú	ти [ti]
él	він [win]
ella	вона [wo'na]
ellos	вони [wo'nʲi]
ellas	вони [wo'nʲi]
nosotros /nosotras/	ми [mi]
ustedes, vosotros	ви [wi]
usted	Ви [wi]

ENTRADA	ВХІД [whid]
SALIDA	ВИХІД ['wihid]
FUERA DE SERVICIO	НЕ ПРАЦЮЄ [nɛ pra'tsʲuɛ]
CERRADO	ЗАКРИТО [za'krito]

ABIERTO

ВІДКРИТО
[wid'krito]

PARA SEÑORAS

ДЛЯ ЖІНОК
[dlʲa ʒi'nɔk]

PARA CABALLEROS

ДЛЯ ЧОЛОВІКІВ
[dlʲa ʧolowi'kiw]

MINI DICCIONARIO

Esta sección contiene 250
palabras útiles necesarias
para la comunicación diaria.
Encontrará ahí los nombres
de los meses y de los días
de la semana.
El diccionario también
contiene temas relevantes
tales como colores, medidas,
familia, y más

T&P Books Publishing

CONTENIDO DEL DICCIONARIO

T&P Books Publishing

tiempo (m)	час (с)	[ʧas]
hora (f)	година (ж)	[ɦoˈdɨna]
media hora (f)	півгодини (мн)	[piwɦoˈdɨnɨ]
minuto (m)	хвилина (ж)	[hwɨˈlɨna]
segundo (m)	секунда (ж)	[sɛˈkunda]
hoy (adv)	сьогодні	[sʲoˈɦɔdni]
mañana (adv)	завтра	[ˈzawtra]
ayer (adv)	вчора	[ˈwʧɔra]
lunes (m)	понеділок (ч)	[ponɛˈdilok]
martes (m)	вівторок (ч)	[wiwˈtɔrok]
miércoles (m)	середа (ж)	[sɛrɛˈda]
jueves (m)	четвер (ч)	[ʧɛtˈwɛr]
viernes (m)	п'ятниця (ж)	[ˈpʲatnɨʦʲa]
sábado (m)	субота (ж)	[suˈbɔta]
domingo (m)	неділя (ж)	[nɛˈdilʲa]
día (m)	день (ч)	[dɛnʲ]
día (m) de trabajo	робочий день (ч)	[roˈbɔʧɨj dɛnʲ]
día (m) de fiesta	святковий день (ч)	[swʲatˈkɔwɨj dɛnʲ]
fin (m) de semana	вихідні (мн)	[wɨhidˈni]
semana (f)	тиждень (ч)	[ˈtɨʒdɛnʲ]
semana (f) pasada	на минулому тижні	[na mɨˈnulomu ˈtɨʒni]
semana (f) que viene	на наступному тижні	[na naˈstupnomu ˈtɨʒni]
por la mañana	вранці	[ˈwranʦi]
por la tarde	після обіду	[ˈpislʲa oˈbidu]
por la noche	увечері	[uˈwɛʧɛri]
esta noche	сьогодні увечері	[sʲoˈɦɔdni uˈwɛʧɛri]
(p.ej. 8:00 p.m.)		
por la noche	уночі	[unoˈʧi]
medianoche (f)	північ (ж)	[ˈpiwniʧ]
enero (m)	січень (ч)	[ˈsiʧɛnʲ]
febrero (m)	лютий (ч)	[ˈlʲutij]
marzo (m)	березень (ч)	[ˈbɛrɛzɛnʲ]
abril (m)	квітень (ч)	[ˈkwitɛnʲ]
mayo (m)	травень (ч)	[ˈtrawɛnʲ]
junio (m)	червень (ч)	[ˈʧɛrwɛnʲ]
julio (m)	липень (ч)	[ˈlɨpɛnʲ]
agosto (m)	серпень (ч)	[ˈsɛrpɛnʲ]

septiembre (m)	вересень (ч)	['wɛrɛsɛnʲ]
octubre (m)	жовтень (ч)	['ʒɔwtɛnʲ]
noviembre (m)	листопад (ч)	[lʲistoˈpad]
diciembre (m)	грудень (ч)	['ɦrudɛnʲ]

en primavera	навесні	[nawɛsˈni]
en verano	влітку	['wlʲitku]
en otoño	восени	[wosɛˈnʲi]
en invierno	взимку	['wzɨmku]

mes (m)	місяць (ч)	['misʲaʦ]
estación (f)	сезон (ч)	[sɛˈzɔn]
año (m)	рік (ч)	[rik]

2. Números. Los numerales

cero	нуль	[nulʲ]
uno	один	[oˈdin]
dos	два	[dwa]
tres	три	[tri]
cuatro	чотири	[ʧoˈtiri]

cinco	п'ять	[pʲatʲ]
seis	шість	[ʃistʲ]
siete	сім	[sim]
ocho	вісім	['wisim]
nueve	дев'ять	['dɛwʲatʲ]
diez	десять	['dɛsʲatʲ]

once	одинадцять	[odiˈnadʦʲatʲ]
doce	дванадцять	[dwaˈnadʦʲatʲ]
trece	тринадцять	[triˈnadʦʲatʲ]
catorce	чотирнадцять	[ʧotirˈnadʦʲatʲ]
quince	п'ятнадцять	[pʲatˈnadʦʲatʲ]

dieciséis	шістнадцять	[ʃistˈnadʦʲatʲ]
diecisiete	сімнадцять	[simˈnadʦʲatʲ]
dieciocho	вісімнадцять	[wisimˈnadʦʲatʲ]
diecinueve	дев'ятнадцять	[dɛwʲatˈnadʦʲatʲ]

veinte	двадцять	['dwadʦʲatʲ]
treinta	тридцять	['tridʦʲatʲ]
cuarenta	сорок	['sɔrok]
cincuenta	п'ятдесят	[pʲatdɛˈsʲat]

sesenta	шістдесят	[ʃizdɛˈsʲat]
setenta	сімдесят	[simdɛˈsʲat]
ochenta	вісімдесят	[wisimdɛˈsʲat]
noventa	дев'яносто	[dɛwʲaˈnɔsto]
cien	сто	[sto]

doscientos	двісті	['dwisti]
trescientos	триста	['trista]
cuatrocientos	чотириста	[tʃoˈtirista]
quinientos	п'ятсот	[pʲaˈtsɔt]

seiscientos	шістсот	[ʃisˈtsɔt]
setecientos	сімсот	[simˈsɔt]
ochocientos	вісімсот	[wisimˈsɔt]
novecientos	дев'ятсот	[dɛwʲaˈtsɔt]
mil	тисяча	['tisʲatʃa]

| diez mil | десять тисяч | ['dɛsʲatʲ 'tisʲatʃ] |
| cien mil | сто тисяч | [sto 'tisʲatʃ] |

| millón (m) | мільйон (ч) | [milʲˈjɔn] |
| mil millones | мільярд (ч) | [miˈljard] |

3. El ser humano. Los familiares

hombre (m) (varón)	чоловік (ч)	[tʃoloˈwik]
joven (m)	юнак (ч)	[ʲuˈnak]
mujer (f)	жінка (ж)	['ʒinka]
muchacha (f)	дівчина (ж)	['diwtʃina]
anciano (m)	старий (ч)	[staˈrij]
anciana (f)	стара (ж)	[staˈra]

madre (f)	мати (ж)	['mati]
padre (m)	батько (ч)	['batʲko]
hijo (m)	син (ч)	[sin]
hija (f)	дочка (ж)	[dotʃˈka]
hermano (m)	брат (ч)	[brat]
hermana (f)	сестра (ж)	[sɛstˈra]

padres (pl)	батьки (мн)	[batʲˈki]
niño -a (m, f)	дитина (ж)	[diˈtina]
niños (pl)	діти (мн)	['diti]
madrastra (f)	мачуха (ж)	['matʃuha]
padrastro (m)	вітчим (ч)	['witʃim]

abuela (f)	бабуся (ж)	[baˈbusʲa]
abuelo (m)	дід (ч)	['did]
nieto (m)	онук (ч)	[oˈnuk]
nieta (f)	онука (ж)	[oˈnuka]
nietos (pl)	онуки (мн)	[oˈnuki]

tío (m)	дядько (ч)	['dʲadʲko]
tía (f)	тітка (ж)	['titka]
sobrino (m)	племінник (ч)	[plɛˈminik]
sobrina (f)	племінниця (ж)	[plɛˈminitsʲa]
mujer (f)	дружина (ж)	[druˈʒina]

marido (m)	чоловік (ч)	[ʧolo'wik]
casado (adj)	одружений	[od'ruʒɛnij]
casada (adj)	заміжня	[za'miʒnʲa]
viuda (f)	вдова (ж)	[wdo'wa]
viudo (m)	вдівець (ч)	[wdi'wɛʦ]
nombre (m)	ім'я (с)	[i'mʲa]
apellido (m)	прізвище (с)	['prizwiɕɛ]
pariente (m)	родич (ч)	['rɔdiʧ]
amigo (m)	товариш (ч)	[to'wariʃ]
amistad (f)	дружба (ж)	['druʒba]
compañero (m)	партнер (ч)	[part'nɛr]
superior (m)	начальник (ч)	[na'ʧalʲnik]
colega (m, f)	колега (ч)	[ko'lɛɦa]
vecinos (pl)	сусіди (мн)	[su'sidi]

4. El cuerpo. La anatomía humana

cuerpo (m)	тіло (с)	['tilo]
corazón (m)	серце (с)	['sɛrʦɛ]
sangre (f)	кров (ж)	[krow]
cerebro (m)	мозок (ч)	['mɔzok]
hueso (m)	кістка (ж)	['kistka]
columna (f) vertebral	хребет (ч)	[hrɛ'bɛt]
costilla (f)	ребро (с)	[rɛb'rɔ]
pulmones (m pl)	легені (мн)	[lɛ'ɦɛni]
piel (f)	шкіра (ж)	['ʃkira]
cabeza (f)	голова (ж)	[ɦolo'wa]
cara (f)	обличчя (с)	[ob'liʧʲa]
nariz (f)	ніс (ч)	[nis]
frente (f)	чоло (с)	[ʧo'lɔ]
mejilla (f)	щока (ж)	[ɕo'ka]
boca (f)	рот (ч)	[rot]
lengua (f)	язик (ч)	[ja'zik]
diente (m)	зуб (ч)	[zub]
labios (m pl)	губи (мн)	['ɦubi]
mentón (m)	підборіддя (с)	[pidbo'riddʲa]
oreja (f)	вухо (с)	['wuho]
cuello (m)	шия (ж)	['ʃʲa]
ojo (m)	око (с)	['ɔko]
pupila (f)	зіниця (ч)	[zi'niʦʲa]
ceja (f)	брова (ж)	[bro'wa]
pestaña (f)	вія (ж)	['wiʲa]
pelo, cabello (m)	волосся (с)	[wo'lɔssʲa]

peinado (m)	зачіска (ж)	['zatʃiska]
bigote (m)	вуса (мн)	['wusa]
barba (f)	борода (ж)	[boro'da]
tener (~ la barba)	носити	[no'siti]
calvo (adj)	лисий	['lisij]

mano (f)	кисть (ж)	[kistʲ]
brazo (m)	рука (ж)	[ru'ka]
dedo (m)	палець (ч)	['palɛts]
uña (f)	ніготь (ч)	['niɦotʲ]
palma (f)	долоня (ж)	[do'lɔnʲa]

hombro (m)	плече (с)	[plɛ'tʃɛ]
pierna (f)	гомілка (ж)	[ɦo'milka]
rodilla (f)	коліно (с)	[ko'lino]
talón (m)	п'ятка (ж)	['pʲatka]
espalda (f)	спина (ж)	['spina]

5. La ropa. Accesorios personales

ropa (f)	одяг (ч)	['ɔdʲaɦ]
abrigo (m)	пальто (с)	[palʲ'tɔ]
abrigo (m) de piel	шуба (ж)	['ʃuba]
cazadora (f)	куртка (ж)	['kurtka]
impermeable (m)	плащ (ч)	[plaɕ]

camisa (f)	сорочка (ж)	[so'rɔtʃka]
pantalones (m pl)	штани (мн)	[ʃta'ni]
chaqueta (f), saco (m)	піджак (ч)	[pi'dʒak]
traje (m)	костюм (ч)	[kos'tʲum]

vestido (m)	сукня (ж)	['suknʲa]
falda (f)	спідниця (ж)	[spid'nitsʲa]
camiseta (f) (T-shirt)	футболка (ж)	[fut'bɔlka]
bata (f) de baño	халат (ч)	[ha'lat]
pijama (m)	піжама (ж)	[pi'ʒama]
ropa (f) de trabajo	робочий одяг (ж)	[ro'bɔtʃij 'ɔdʲaɦ]

ropa (f) interior	білизна (ж)	[bi'lizna]
calcetines (m pl)	шкарпетки (мн)	[ʃkar'pɛtki]
sostén (m)	бюстгальтер (ч)	[bʲust'ɦalʲtɛr]
pantimedias (f pl)	колготки (мн)	[kol'ɦɔtki]
medias (f pl)	панчохи (мн)	[pan'tʃɔhi]
traje (m) de baño	купальник (ч)	[ku'palʲnik]

gorro (m)	шапка (ж)	['ʃapka]
calzado (m)	взуття (с)	[wzut'tʲa]
botas (f pl) altas	чоботи (мн)	['tʃɔboti]
tacón (m)	каблук (ч)	[kab'luk]
cordón (m)	шнурок (ч)	[ʃnu'rɔk]

betún (m)	крем (ч) для взуття	[krɛm dlʲa wzut'tʲa]
guantes (m pl)	рукавички (мн)	[ruka'wiʧki]
manoplas (f pl)	рукавиці (мн)	[ruka'witsi]
bufanda (f)	шарф (ч)	[ʃarf]
gafas (f pl)	окуляри (мн)	[oku'lʲari]
paraguas (m)	парасолька (ж)	[para'sɔlʲka]

corbata (f)	краватка (ж)	[kra'watka]
moquero (m)	носовичок (ч)	[nosowi'ʧɔk]
peine (m)	гребінець (ч)	[ɦrɛbi'nɛts]
cepillo (m) de pelo	щітка (ж) для волосся	['ɕitka dlʲa wo'lɔssʲa]

hebilla (f)	пряжка (ж)	['prʲaʒka]
cinturón (m)	пасок (ч)	['pasok]
bolso (m)	сумочка (ж)	['sumoʧka]

6. La casa. El apartamento

apartamento (m)	квартира (ж)	[kwar'tira]
habitación (f)	кімната (ж)	[kim'nata]
dormitorio (m)	спальня (ж)	['spalʲnʲa]
comedor (m)	їдальня (ж)	['jidalʲnʲa]

salón (m)	вітальня (ж)	[wi'talʲnʲa]
despacho (m)	кабінет (ч)	[kabi'nɛt]
antecámara (f)	передпокій (ч)	[pɛrɛd'pokij]
cuarto (m) de baño	ванна кімната (ж)	['wana kim'nata]
servicio (m)	туалет (ч)	[tua'lɛt]

aspirador (m), aspiradora (f)	пилосос (ч)	[piɫo'sɔs]
fregona (f)	швабра (ж)	['ʃwabra]
trapo (m)	ганчірка (ж)	[ɦan'ʧirka]
escoba (f)	віник (ч)	['winik]
cogedor (m)	совок (ч) для сміття	[so'wɔk dlʲa smit'tʲa]

muebles (m pl)	меблі (мн)	['mɛbli]
mesa (f)	стіл (ч)	[stil]
silla (f)	стілець (ч)	[sti'lɛts]
sillón (m)	крісло (с)	['krisɫo]

espejo (m)	дзеркало (с)	['dzɛrkaɫo]
tapiz (m)	килим (ч)	['kiɫim]
chimenea (f)	камін (ч)	[ka'min]
cortinas (f pl)	штори (мн)	['ʃtɔri]
lámpara (f) de mesa	настільна лампа (ж)	[na'stilʲna 'lampa]
lámpara (f) de araña	люстра (ж)	['lʲustra]

cocina (f)	кухня (ж)	['kuhnʲa]
cocina (f) de gas	плита (ж) газова	[pli'ta 'ɦazowa]
cocina (f) eléctrica	плита (ж) електрична	[pli'ta ɛlɛkt'riʧna]

horno (m) microondas	мікрохвильова піч (ж)	[mikrohwiʎo'wa piʧ]
frigorífico (m)	холодильник (ч)	[holo'diʎnɨk]
congelador (m)	морозильник (ч)	[moro'ziʎnɨk]
lavavajillas (m)	посудомийна машина (ж)	[posudo'mijna ma'ʃina]
grifo (m)	кран (ч)	[kran]
picadora (f) de carne	м'ясорубка (ж)	[m'ʲaso'rubka]
exprimidor (m)	соковижималка (ж)	[sokowɨʒɨ'malka]
tostador (m)	тостер (ч)	['tɔstɛr]
batidora (f)	міксер (ч)	['miksɛr]
cafetera (f) (aparato de cocina)	кавоварка (ж)	[kawo'warka]
hervidor (m) de agua	чайник (ч)	['ʧajnɨk]
tetera (f)	заварник (ч)	[za'warnɨk]
televisor (m)	телевізор (ч)	[tɛlɛ'wizor]
vídeo (m)	відеомагнітофон (ч)	['widɛo maɦnito'fɔn]
plancha (f)	праска (ж)	['praska]
teléfono (m)	телефон (ч)	[tɛlɛ'fɔn]

www.ingramcontent.com/pod-product-compliance
Lightning Source LLC
Chambersburg PA
CBHW070841050426
42452CB00011B/2368